C.H.BECK WISSEN

in der Beck'schen Reihe

Migration ist ein globales Zukunftsthema. Debatten über die Folgen des Wachstums der Weltbevölkerung, den Zustrom von Flüchtlingen vor allem aus Afrika oder die Alterung der Gesellschaften im reichen ‹Norden› zeigen dies in aller Deutlichkeit. Nur selten wird jedoch klar gesehen, dass Migration und Integration Ergebnis historischer Prozesse und staatlich verordneter Politik sind. Jochen Oltmers souveräner Überblick zeigt die Hintergründe, Formen und Konsequenzen globaler Migration in der Neuzeit und schildert die großen Bevölkerungsbewegungen, die die Welt im 19. und 20. Jahrhundert fundamental geprägt haben.

Jochen Oltmer ist Apl. Professor für Neueste Geschichte und Vorstand des Instituts für Migrationsforschung und Interkulturelle Studien (IMIS) der Universität Osnabrück. Er hat zahlreiche Veröffentlichungen zur Geschichte der Migration in der Neuzeit vorgelegt.

Jochen Oltmer

GLOBALE MIGRATION

Geschichte und Gegenwart

Verlag C.H.Beck

Mit drei Karten

Originalausgabe

Satz: Fotosatz Amann, Aichstetten
Druck und Bindung: Druckerei C.H.Beck, Nördlingen
Umschlaggestaltung: Uwe Göbel, München
Umschlagabbildung: Boot mit afrikanischen Migranten, Juli 2011,
© AFP/Getty Images
Printed in Germany
ISBN 978 3 406 64092 6

www.beck.de

Inhalt

Vorwort

Migration ist ein globales Zukunftsthema. Das verdeutlichen aktuelle Debatten über die Folgen des Wachstums der Weltbevölkerung, der Alterung der Gesellschaften des reichen ‹Nordens›, des Klimawandels oder des Mangels an Fachkräften für zunehmend komplexere und international eng vernetzte ‹Wissensgesellschaften›. Migration veränderte in den vergangenen Jahrhunderten die Welt: Unzählige Beispiele belegen, in welch hohem Maße Arbeits- oder Siedlungswanderungen, Flucht, Vertreibung oder Deportationen die Bevölkerungszusammensetzung, die Entwicklung von Arbeitsmärkten oder kulturell-religiöse Orientierungen beeinflussten.

Die historische und sozialwissenschaftliche Forschung beschäftigt sich erst seit wenigen Jahren intensiv mit der Bedeutung der Migrationsverhältnisse für die historischen und aktuellen Prozesse, die unter dem Stichwort Globalisierung zusammengefasst werden. Dieses rasch gewachsene Wissen greift das vorliegende Buch auf. Es bietet einen knappen Aufriss der komplexen globalen Migrationssituation in der Neuzeit mit ihrem breiten Spektrum an wirtschaftlichen, sozialen, politischen und kulturellen Hintergründen, Rahmenbedingungen und Folgen.

Ermöglicht haben die Studie die hervorragenden Arbeitsbedingungen am Institut für Migrationsforschung und Interkulturelle Studien (IMIS) der Universität Osnabrück, dem ich seit vielen Jahren angehöre. Nützliche Kommentare und Hinweise zum Manuskript bot Vera Hanewinkel. Ihr habe ich ebenso zu danken wie Jutta Tiemeyer, die mit großer Sorgfalt und kompetent die redaktionelle Schlussbearbeitung durchführte. Besonders verpflichtet bin ich dem Niedersächsischen Vorab der VolkswagenStiftung, der Vorbereitung und Abfassung des Manuskripts unterstützte. Widmen möchte ich dieses Buch meinem akademischen Lehrer Prof. Dr. Klaus J. Bade.

I. Migrationsgeschichte als Menschheitsgeschichte

Migration bildet seit jeher ein zentrales Element der Anpassung des Menschen an Umweltbedingungen und gesellschaftliche Herausforderungen. Wahrscheinlich vor rund 100 000 bis 120 000 Jahren verließ der anatomisch moderne Mensch der Gattung Homo sapiens erstmals den afrikanischen Kontinent über die Sinai-Halbinsel und verbreitete sich vom Nahen Osten und von der Arabischen Halbinsel aus über die Welt. Archäologen und Paläontologen, Humanbiologen, Genetiker und Linguisten haben tragfähige Modelle entwickelt, die deutlich werden lassen, auf welche Weise und mit welcher Geschwindigkeit der Homo sapiens seine Siedlungszonen erweiterte, nachdem die Gattung sich wahrscheinlich vor ca. 150 000 bis 200 000 Jahren in Ostafrika entwickelt hatte.

Zahlreiche Forschungsergebnisse sprechen dafür, dass die Ausbreitung vornehmlich entlang von Küstenlinien und Wasserläufen erfolgte. Der Homo sapiens traf in den geographischen Räumen, die er für sich erschloss, gelegentlich wohl auf Hominiden, deren Vorfahren vor Jahrhunderttausenden ebenfalls von Ostafrika ausgehend die Welt besiedelt hatten: Der Homo erectus, der sich vor fast zwei Millionen Jahren entwickelte, bildete möglicherweise die erste Hominidenart, die sich über weite Gebiete der Welt verbreitete. Vielleicht war aber auch bereits sein Vorfahr, der Homo rudolfensis, nicht allein auf afrikanische Lebensräume beschränkt gewesen. Körperliche Überreste und Zeugnisse der Aktivität des Homo erectus konnten im Nahen Osten (Israel), im Kaukasus (Georgien), in Südeuropa (Südspanien), auf Java und in Südchina auf eine Zeit vor ca. 1,8 Millionen Jahren datiert werden. Vor einer Million Jahren erreichte der Homo erectus – möglicherweise in einer von Afrika ausgehenden zweiten Besiedlungswelle Hunderttausende von Jahren später – auch das im Vergleich zu den genannten Gebieten kühlere Mitteleuropa und Nordchina.

Nachgewiesen werden kann, dass die Besiedlungszone des Homo erectus spätestens vor einer halben Million Jahren Afrika, Mittel- und Südeuropa sowie Ost- und Südostasien umfasste, wobei die Kalt- bzw. Eiszeiten immer wieder für einen zwischenzeitlichen Rückgang der Besiedlung in den nördlichen Zonen sorgten. Noch nicht hinreichend geklärt ist die Frage, ob und inwieweit die jüngere Gattung des Homo sapiens im Kontext ihrer Ausbreitung in diesen Räumen den Homo erectus oder andere Arten der Gattung Homo, wie beispielsweise den Neandertaler, verdrängte, mit ihnen kooperierte oder sich mit ihnen vermischte. Die Lebensweisen der verschiedenen Gattungen waren zumindest ähnlich, sie alle lebten bei insgesamt geringer Besiedlungsdichte in kleinen Gruppen, gebrauchten Feuer, ernährten sich von gesammelten Pflanzen und tierischen Produkten, frisch erlegtem Wild sowie Resten von Tieren, die Raubtiere erbeutet und zurückgelassen hatten. Ihre Lagerplätze konnten sie in der Regel nicht lange nutzen, weil ihre Jagdbeute wanderte oder die pflanzliche Nahrungsgrundlage nicht für einen längeren Aufenthalt ausreichte. Ohne Bewegung im Raum war Überleben nicht möglich. Bewegung im Raum musste aber nicht dauerndes Umherziehen bedeuten; denn wahrscheinlich verband sich die Existenz von Wohnlagern, die über einen längeren Zeitraum in Anspruch genommen wurden, mit der Nutzung jener Plätze, die nur für kürzere Phasen bewohnt waren, weil sie ausschließlich der Jagd oder dem Sammeln von Rohstoffen dienten. Wann und wie häufig es zum Wechsel unterschiedlicher Örtlichkeiten mit verschiedenen Funktionen kam, ist aber ungeklärt.

Bis vor ca. 60 000 Jahren blieb der Lebensraum des Homo sapiens auf tropische Zonen beschränkt. Wegen seiner höheren Sprachfertigkeit sowie der damit eng verbundenen ausgeprägteren sozialen Kompetenz und Anpassungsfähigkeit erwies sich der Homo sapiens im Vergleich zu älteren Gattungen als besser geeignet, neue Kulturtechniken zu erlernen, etwa die Steinbearbeitung zu verfeinern oder sich effektivere Jagd- und Fischfangtechniken anzueignen. Damit erhöhten sich die Fähigkeit und Möglichkeit der Anpassung an die Umweltbedingungen erheblich, eine wesentliche Voraussetzung für die Besiedlung weiterer Vegetationszonen, für die Nutzung von räumlichen Bewegungen zur Sicherung des Überlebens sowie die Erschließung neuer Chancen der biologischen und sozialen Reproduktion. Der Homo sapiens war in der Lage, auch breitere Wasserläufe und Gewässer zu überqueren. Die Jagd auf größere Tiere mit all ihren Implikationen für die technische und soziale Entwicklung (bessere Jagdwaffen, -taktiken und -techniken), die Beherrschung des Feuers oder das Nähen von Kleidung waren Voraussetzung für die Besiedlung kühlerer oder regenärmerer Siedlungsgebiete. Es wird angenommen, dass der Homo sapiens vor rund 40 000 bis 50 000 Jahren den australischen Kontinent erreichte. Vor rund 40 000 Jahren erschloss er die gemäßigten Zonen Eurasiens nördlich von Alpen, Himalaja und Kaukasus. Europa wurde vermutlich von Südosteuropa ausgehend besiedelt. Es dauerte wahrscheinlich 5000 bis 7000 Jahre, bis der Homo sapiens die Atlantikküste erreichte. Die Erschließung auch der nördlichen Zonen Eurasiens und der Ränder der Arktis bildete die Voraussetzung für die Überquerung der Landbrücke nach Nordamerika, die heute die Beringsee bildet. Den Weg nach Nordamerika bahnte sich der Homo sapiens vermutlich vor ca. 25 000 bis 30 000 Jahren.

Der anatomisch moderne Mensch war mit dem Ende der letzten Eiszeit vor rund 12 000 Jahren in allen Großräumen der Kontinente präsent. Im Zuge der lang währenden Migrationen hatte er sich genetisch und sprachlich weiter ausdifferenziert. Vermutlich belief sich die Zahl der Angehörigen der Gattung Homo sapiens zu diesem Zeitpunkt auf weltweit 5 bis 10 Millionen. Ermöglicht wurde die geographische Verbreitung des Homo sapiens im Laufe der Jahrzehntausende durch seine große Anpassungsfähigkeit. Gleichzeitig nötigte die räumliche Ausbreitung den Homo sapiens wiederum zu immer neuen Anpassungsleistungen an veränderte Umweltbedingungen durch das Erschließen neuer Klimazonen und Lebensräume. Die räumlichen Bewegungen wurden motiviert durch die Suche nach

Chancen zur biologischen und sozialen Reproduktion und beeinflusst durch Veränderungen von Umweltbedingungen (Klimawandel, Kalt- und Warmzeiten, Vereisung), aber auch durch Kommunikation und Konfrontation innerhalb und zwischen Gruppen. Sie verliefen weder linear noch nach einheitlichen Mustern.

Die Entwicklung von Ackerbau und Viehzucht, also die nachhaltige Kultivierung von Wildpflanzen sowie die Domestikation von Wildtieren und die Herausbildung neuer Verfahren der Vorratshaltung, die auch mit der Entwicklung handwerklicher Techniken (Töpferei, Korbflechten) und der Aneignung von Kenntnissen zum Fertigen stabiler Bauten verbunden waren, können als ein Prozess der Beschleunigung einer lange währenden technologischen Entwicklung beschrieben werden. Er führte vor 4000 bis 12 000 Jahren zu tiefgreifenden Spezialisierungen: Jäger, Sammler und Fischer, die nicht oder nur bedingt sesshaft waren, wurden in einem langen Prozess immer weiter verdrängt durch Ackerbauern und Viehzüchter, deren Lebensweise durch wesentlich stärkere Tendenzen der Sesshaftigkeit geprägt war. Dort, wo sich Ackerbaukulturen entwickelten, entstanden zunehmend größere und ortsfeste Dörfer, die nachweisbar befestigt wurden, vor allem um die Haustiere (zunächst Ziegen, Schafe, Schweine oder Lamas, später Rinder und Pferde) zu schützen. Die Verbreitung landwirtschaftlicher Produktionsformen sowie neuer agrarischer Techniken und Praktiken, einschließlich des aufwändigen bewässerten Feldbaus, erfolgte zum einen durch den Transfer von Wissen zwischen einzelnen Kollektiven, andererseits aber auch durch die Siedlungswanderung von Ackerbauern und Viehzüchtern.

Hintergrund und Kennzeichen der mit unterschiedlicher Intensität und Geschwindigkeit voranschreitenden Herausbildung ackerbauender Kulturen bildete die Züchtung diverser Kulturpflanzen in verschiedenen Weltgegenden: In Vorderasien bzw. im Norden der arabischen Halbinsel wurden Weizen und Gerste gezüchtet, im mittleren Niltal Hirse, in Ostasien Yams und später Reis. Im subsaharischen Afrika entwickelten Ackerbauern Yams, in Neuguinea Bananen und Taro sowie im nordwestlichen Südamerika bzw. in Mittelamerika Kürbisse, Süßkartoffeln und Mais. Diese Kulturpflanzen waren in der Regel kalorienreicher als die gesammelten pflanzlichen Produkte. In den folgenden Jahrtausenden traten weitere Innovationszentren mit neuen pflanzlichen Produkten oder Varianten der genannten Pflanzen hinzu. Die Vielfalt der Erzeugnisse wuchs. Wesentlich stärker als in den Jahrzehntausenden zuvor passte der anatomisch moderne Mensch die natürliche Umwelt seinen Bedürfnissen an, um pflanzliche und tierische Produkte zielgerichtet erzeugen zu können. Die Folge war eine erheblich gesteigerte Produktivität, die zu einem Bevölkerungsanstieg, einer höheren Besiedlungsdichte, zu Arbeitsteilung und gesellschaftlichen Hierarchien und damit einhergehend zu neuen Vergesellschaftungsformen führte. Zivilisationszentren mit administrativen Strukturen entstanden, die sich nicht nur durch eine hoch entwickelte Landwirtschaft auszeichneten, sondern auch als urbane Zentren von Metallurgie, Handwerk, Kultur und Religion fungierten sowie als Knotenpunkte in zum Teil weit ausgreifenden Handelsnetzen. Institutionalisierte Handelsplätze (Häfen, Märkte) und feste Handelsrouten über See und über Land, Warenvielfalt, Geld, Steuern und spezialisierte Kaufleute charakterisierten sie.

Solche Verdichtungszonen, die vor rund 5000 bis 6000 Jahren auch zunehmend städtisches Gepräge erhielten, wurden zu Zentren der Zuwanderung und des Kulturkontakts – von ländlicher Bevölkerung und von Spezialisten aus anderen Städten, darunter z. B. auch Kaufleute, die Handelsstationen aufbauten und betrieben. Das galt für die großen Städte in Mittelamerika, im Niltal und im Industal sowie für jene an Euphrat und Tigris oder auch am Gelben Fluss, die zu Kernen größerer, zum Teil untereinander in langwährende Machtkämpfe verwickelter Territorialstaaten wurden. Kommerzielle Netzwerke konnten sich über enorme Distanzen erstrecken, wie die Handelsverbindungen zwischen dem Mittelmeerraum und China belegen, an die auch die Stadtkulturen des Industals angeschlossen waren, oder wie in Europa der über Jahrtausende währende Import von Elfenbein aus Afrika eindrücklich zeigt.

Solche kommerziellen Netzwerke bildeten nur eines von vielen Elementen der Entwicklung der Migrationsverhältnisse. Bewegungen großer Bevölkerungsgruppen umfassten zum Teil ganze Kontinente oder überschritten gar kontinentale Grenzen, z. B.

- breitete sich eine Bantu sprechende Bevölkerung in einem langen Prozess vom westlichen Afrika (Kamerun, Nigeria) nach Osten, Südosten und Süden aus, vermischte sich mit den dort lebenden Bevölkerungen und besiedelte schließlich vor 1500 Jahren den größten Teil des subsaharischen Afrika;
- begann sich vor 5000 Jahren der Besiedlungsraum einer reisanbauenden und bootsbauenden Bevölkerung vom südwestchinesischen Yunnan auszuweiten, das sich als wasserreiche Region von hoher geographischer Diversität durch eine große biologische Vielfalt auszeichnet. Die Bewegung richtete sich nach Süden (südostasiatisches Festland mit Vietnam, Thailand, Laos und Kambodscha) sowie nach Osten (chinesischer Süden) und erschloss die Inselwelt in Richtung Nordosten (Taiwan, Japan, Philippinen, Indonesien). Sie brachte den Reis- und Yamsanbau sowie die Hühner- und Schweinezucht in große Teile Südostasiens bis nach Neuguinea;
- erschlossen polynesische Seefahrer der Lapita-Kultur, vor rund 4000 Jahren beginnend, weite Teile des Südpazifiks von Insel zu Insel mit Hilfe hochseetüchtiger Boote. Es handelte sich um Ackerbauern, die zugleich in hohem Grade marine Ressourcen nutzten. Ihren Abschluss fand diese Ausbreitung, die sich von Neuguinea über Melanesien bis Polynesien erstreckte, mit dem Erreichen Neuseelands vor rund 1000 Jahren;
- lassen sich im Jahrtausend vor und nach dem Beginn unserer Zeitrechnung Bewegungen und die Ausbreitung von nicht mehr pferdejagenden, sondern pferdezüchtenden und pferdenutzenden Bevölkerungen aus großen Gebieten nördlich des Schwarzen Meeres und in Zentralasien nach Süden, Osten und Westen beobachten. Dazu zählten u. a. Bevölkerungen, die als Skythen, Awaren oder Hunnen bezeichnet werden.

Trotz solcher umfänglicher und nachhaltiger Bewegungen, denen viele weitere hinzuzufügen wären, der Etablierung von weiträumigen Handelsnetzen sowie der Siedlungs- und Arbeitswanderungen, der Flucht und Vertreibung im Kontext von Kriegen oder der Elitenmigrationen in den ausgedehnten Reichen, die sich auf verschiedenen Kontinenten seit dem 3. Jahrtausend vor unserer Zeitrechnung etablierten (ägyptische Reiche, Babylon, chinesische Großstaaten, Alexander-Reich, Römisches Reich etc.), erstreckten sich Migrationen nur selten über sehr weite Distanzen oder prägten sich gar als interkontinentale Bewegungen aus. Das änderte sich erst im Kontext der globalen Expansion Europas, beginnend im 15. Jahrhundert, für die technologische (z. B. Schiffe, Waffen) und organisatorische Innovationen (z. B. Handelssysteme, Militärwesen) ebenso Voraussetzung waren wie das nachhaltige Überschreiten intellektueller Horizonte (z. B. Weltbilder, wissenschaftliche Lehren). Erst seither kann von Migrationen in globalem Maßstab in größerem und großem Umfang gesprochen werden.

2. Bedingungen, Formen und Folgen weltweiter Wanderungen in der Neuzeit

Die Beobachtung der Genese globaler Migrationsmuster seit dem späten Mittelalter leistet einen Beitrag, die vielfältigen wirtschaftlichen, sozialen, politischen und kulturellen Prozesse zu erschließen, die sich unter dem Begriff Globalisierung zusammenfassen lassen. Globalisierung kann definiert werden als ein Prozess stetiger und nachhaltiger weltweiter Verdichtung, Verflechtung und Vernetzung von sozialen Interaktionen zwischen individuellen und kollektiven Akteuren, die in eine Transformation von Bevölkerung, Wirtschaft, Politik und Kultur münden. Soziale Interaktion verweist mithin z. B. sowohl auf mündlichen oder schriftlichen Kontakt zwischen Privatpersonen als auch auf Abkommen zwischen Staaten sowie Kommunikation in und zwischen Unternehmen im Rahmen wissenschaftlicher Konferenzen oder kultureller Veranstaltungen.

Die historische Forschung ermittelte weitreichende und nachhaltige Prozesse der Verstärkung von Interdependenzen in der gesamten Neuzeit. Sie hat deutlich gemacht, dass Globalisierung nicht als linearer Prozess zu verstehen ist, sondern vielmehr mit einem steten Wechsel zwischen einerseits Phasen der Beschleunigung von Verflechtungen sowie andererseits Phasen der De-Globalisierung einherging. Darüber hinaus verlief Globalisierung in verschiedenen gesellschaftlichen Bereichen wie etwa der Politik, der Wirtschaft, der Religion, der Wissenschaft oder dem Sport mit unterschiedlicher Geschwindigkeit und Reichweite. De-Globalisierung in einem Bereich (z. B. von Märkten oder kulturellen Systemen) konnte durchaus mit einer Verdichtung sozialer Interaktionen in einem anderen Bereich (z. B. im Feld zwischenstaatlicher Beziehungen über den Aufbau von internationalen Organisationen) einhergehen. Zugleich gilt es zu betonen, dass nicht der gesamte Erdkreis zu unterschiedlichen historischen Zeiten in die Prozesse der Globalisierung einbezogen war oder ist, vielmehr verschiedene Räume verstärkter Interdependenzen auszumachen sind, in denen der große Umfang und die hohe Intensität der Verdichtung und Vernetzung die besondere Dynamik der Transformation von Bevölkerung, Wirtschaft und Gesellschaft ausmachten. Beobachten lässt sich, dass Räume, in denen sich Interaktionen verdichten, sehr häufig auch als Zentren ausgeprägter Zuwanderung beschrieben werden können; denn Migration ist ein Element und ein Kennzeichen der Verdichtung von sozialen Interaktionen, sie ist Voraussetzung und Bestandteil der Vernetzung von Individuen und Kollektiven. Darüber hinaus tragen Migrationen zu Transformationsprozessen bei – sie verändern die Zusammensetzung von Bevölkerungen, modifizieren ökonomische und soziale Strukturen, religiöse Praktiken oder künstlerische Ausdrucksformen.

Seit dem 16. Jahrhundert korrespondierte die politisch-territoriale Expansion Europas über die Grenzen des Kontinents hinaus mit der Abwanderung von Europäern in andere Teile der Welt. Sie blieb vom 16. bis in das 19. Jahrhundert in ihrem Umfang noch moderat, führte aber in der Folgezeit bis in das frühe

20. Jahrhundert hinein zu einem weitreichenden Wandel in der Zusammensetzung der Bevölkerungen vor allem in den Amerikas, im südlichen Pazifik, aber auch in Teilen Afrikas und Asiens. Ein zentrales Element weltweiter ökonomischer Integration blieb in der gesamten Neuzeit die Verfügbarkeit des Produktionsfaktors Arbeit und die Bewegung von Arbeitskräften im Raum zur Erschließung standortgebundener natürlicher Ressourcen. Arbeitswanderungen erwiesen sich deshalb als Konjunktur- und Krisensymptome; die Veränderung ihrer Dimensionen und Verläufe spiegelt wie ein Barometer die Entwicklung globaler oder regionaler Ökonomien.

Die Entwicklung räumlicher Bevölkerungsbewegungen blieb aber auch gebunden an die Genese von Herrschaftsverhältnissen und von politischen Prozessen: Individuelles und kollektives Handeln von (potenziellen) Migranten unterlag – und unterliegt – staatlichen, politischen und administrativen Einflüssen und Einflussnahmen. Zwangsmigrationen wiederum waren Ausdruck der staatlichen und gesellschaftlichen Akzeptanz der Beschränkung von Freiheit und körperlicher Unversehrtheit. Menschen reagierten auf bewaffnete Konflikte mit Bewegungen im Raum. Bis in die Gegenwart ist die Vorstellung verbreitet, durch die Nötigung zur Migration ließe sich Herrschaft stabilisieren oder könnten politische Interessen durchgesetzt werden.

Die folgende Skizze erarbeitet zentrale Elemente des Wechselverhältnisses von Globalisierung und Migration in den vergangenen fünf Jahrhunderten: Beobachtet werden globale, also trans- oder interkontinentale Fernwanderungen, darüber hinaus aber auch solche lokalen und regionalen Migrationen, die ein Ergebnis der Dynamik der Globalisierung waren. Zunächst skizziert der Überblick zentrale Hintergründe, Formen und Folgen weltweiter Wanderungen (Kapitel 2). Das folgende Kapitel 3 blickt auf die zunehmende interkontinentale migratorische Verflechtung seit dem 16. Jahrhundert. Danach orientiert sich die Gliederung an zwei Entwicklungen der Neuzeit, die für den Prozess der Globalisierung von zentraler Bedeutung waren: Migration im Spannungsfeld von kolonialer Expansion und beschleunigter Globalisierung im späten 19. und frühen 20. Jahrhundert (Kapitel 4) sowie Wanderungen und weltweite Kriege im 20. Jahrhundert (Kapitel 5). Das Kapitel 6 fasst abschließend Muster der globalen Migrationssituation des späten 20. und frühen 21. Jahrhunderts zusammen, das sich als Phase ausgeprägter Globalisierung beschreiben lässt, weil sich Raum und Zeit rapide verdichten.

Hintergründe und Bestimmungsfaktoren von Migration

Migration kann als die auf einen längerfristigen Aufenthalt angelegte räumliche Verlagerung des Lebensmittelpunktes von Individuen, Familien, Gruppen oder auch ganzen Bevölkerungen verstanden werden (s. Tabelle 1). Unterscheiden lassen sich in der Neuzeit verschiedene Erscheinungsformen globaler räumlicher Bevölkerungsbewegungen. Dazu zählen vor allem Arbeits- und Siedlungswanderungen, Nomadismus, Bildungs-, Ausbildungs- und Kulturwanderungen, Heirats- und Wohlstandswanderungen sowie Zwangswanderungen. Sieht man von den Zwangswanderungen ab (zur Einordnung s. unten), streben Individuen, Familien oder Gruppen danach, durch Bewegungen zwischen geographischen und sozialen Räumen Erwerbs- oder Siedlungsmöglichkeiten, Arbeitsmarkt-, Bildungs-, Ausbildungs- oder Heiratschancen zu verbessern bzw. sich neue Chancen zu erschließen (s. Tabelle 2). In diesen Kontext gehören beispielsweise auch die großen interkontinentalen Wanderungen des ‹langen› 19. Jahrhunderts, die wahrscheinlich 55 bis 60 Millionen Europäer umfassten. Die auffällige Stärke dieser Massenabwanderung aus Europa darf aber nicht darüber hinwegtäuschen, dass Wanderungsbewegungen meist kleinräumig waren und nur zu einem geringeren Teil Grenzen von Herrschaftsräumen oder gar von Kontinenten überschritten.

Arbeitswanderungen sind, anders als Siedlungs- und Heiratswanderungen, häufig zeitlich befristet und können als Saisonwanderungen mit einer gewissen Regelmäßigkeit zur Rückkehr ins Herkunftsgebiet führen. Zahlreiche Beispiele für solche mitunter über längere Zeit hinweg strukturstabilen Formen zirku-

Migration (komplementäre Begriffe: Wanderung, räumliche Bevölkerungsbewegung, regionale Mobilität)	Auf einen längerfristigen Aufenthalt angelegte räumliche Verlagerung des Lebensmittelpunktes von Individuen, Familien, Gruppen oder auch ganzen Bevölkerungen.
Abwanderung und ***Zuwanderung***	Übergeordnete Begriffe für räumliche Bevölkerungsbewegungen, unabhängig von Hintergründen, Distanzen, Zielen und Ergebnissen. Beide Begriffe verweisen sowohl auf intra- und interregionale als auch auf grenzüberschreitende Bewegungen.
Auswanderung und ***Einwanderung***	Landesgrenzen überschreitende und nach Wanderungsabsicht oder Wanderungsergebnis mit einer dauerhaften Niederlassung im Zielland verbundene Migration.

Tabelle 1: Migration: zentrale Begriffe

lärer Migration gab und gibt es in agrarisch geprägten Herkunftsgesellschaften bzw. -regionen, aber auch im Kontext der beschleunigten Urbanisierung des 19. und 20. Jahrhunderts: Die Einbahnstraße der Land-Stadt-Wanderungen stellt nur eines unter vielen Mustern jener Migrationen dar, die das massive Wachstum der städtischen Agglomerationen der Welt wesentlich tragen. Ein weiteres Mobilitätsmuster ist der Kreisverkehr von temporären Land-Stadt-Land-Wanderungen, die nach Jahren in dauerhaften Niederlassungen in den Städten enden können, aber nicht notwendigerweise müssen.

Räumliche Bewegungen zur Erschließung oder Nutzung von Chancen streben nicht ausschließlich nach einer Stabilisierung oder Verbesserung der Lebenssituation von Zuwanderern im Zielgebiet. Wanderungszweck kann gleichermaßen die Verbesserung der Lage der Migranten oder ihrer Familien in der Herkunftsgesellschaft sein. Dies zeigt sich z. B. bei saisonalen Arbeitswanderungen oder bei Rückwanderungen nach Jahren oder Jahrzehnten der Erwerbstätigkeit in der Ferne. Eine ausgesprochen hohe Bedeutung haben bis in die Gegenwart für einzelne Haushalte, für regionale Ökonomien oder selbst für ganze Volkswirtschaften die mehr oder minder regelmäßigen Geldüberweisungen von Migranten an zurückbleibende Familienmitglieder. Indien ist gegenwärtig weltweit das Empfängerland der höchsten Transferzahlungen durch Migranten: 52 Milliarden US-Dollar, die vornehmlich von indischen Arbeitswanderern in den Golfstaaten stammen, machten im Jahr 2010 mehr als 4 Prozent des Bruttoinlandsprodukts des südasiatischen Staates aus.

Migration bildet in den genannten Kontexten ein Element der Lebensplanung und verbindet sich häufig mit (erwerbs-)biographischen Grundsatzentscheidungen wie Heirat, Beginn einer beruflichen Ausbildung oder Einstieg in einen Beruf bzw. Übernahme eines Arbeitsplatzes; der überwiegende Teil der Arbeits-, Ausbildungs-, Siedlungs- und Heiratswanderer ist mithin jung. In derartigen sozialen Konstellationen resultiert der Wanderungsentschluss aus persönlichen Entscheidungen oder Arrangements in Familien(-wirtschaften). Individuelle bzw. familienwirtschaftliche Handlungsalternativen gibt es allerdings vor allem dann nicht, wenn aufgrund von wirtschaftlichen, sozialen oder umweltbedingten Krisen existenzielle Not droht oder herrscht (s. Tabelle 3).

Bei den Wanderungen, die auf die Umsetzung ökonomischer und sozialer Chancen ausgerichtet sind, lassen sich Herkunfts- und Zielgebiet vornehmlich durch ein ökonomisches Gefälle unterscheiden. Dieses muss keineswegs als übergreifender wirtschaftlicher Entwicklungsunterschied zwischen zwei kontinentalen Großräumen verstanden werden, sondern beschränkt sich vielmehr häufig auf einzelne kleinräumige Marktsegmente. Spezifische soziale Merkmale von Individuen bzw. Mitgliedern von Familien oder Gruppen, darunter vor allem Geschlecht, Alter und Position im Familienzyklus, berufliche Stellung und Qualifikationen sowie Zuschreibungen (vor allem hinsichtlich der Zugehörigkeit zu ‹Ethnien›, ‹Kasten›, ‹Rassen› oder ‹Nationalitäten›), die sich nicht selten mit Privilegien und Geburtsrechten verbinden, bedingen den Marktzugang und damit auch die Wahrnehmung ökonomischer Chancen durch Migration.

Von diesem Migrationstyp lassen sich die in wesentlich geringeren Dimensionen auftretenden Kultur- und Wohlstands-

Formen	**Merkmale, Teilphänomene und Beispiele**
Arbeitswanderung	Migration zur Aufnahme unselbstständiger Erwerbstätigkeit in Gewerbe, Landwirtschaft, Industrie und im Dienstleistungsbereich
Bildungs- und Ausbildungswanderung	Migration zum Erwerb schulischer, akademischer oder beruflicher Qualifikationen (Schülerinnen und Schüler, Studierende, Lehrlinge/Auszubildende)
Dienstmädchen-/ Hausarbeiterinnenwanderung	Migration im Feld der haushaltsnahen Dienstleistungen, häufig gekennzeichnet durch relativ enge Bindung an eine Arbeitgeberfamilie, ungeregelte Arbeitszeiten und prekäre Lohnverhältnisse
Entsendung	Grenzüberschreitende, temporäre Entsendung im Rahmen und im Auftrag von Organisationen/ Unternehmen: ‹Expatriats›/‹Expats›; Kaufleute und Händlerwanderungen zur Etablierung/Aufrechterhaltung von Handelsfilialen; Migration im Rahmen eines militärischen Apparates (Söldner, Soldaten, Seeleute), von Beamten oder von Missionaren
Gesellenwanderung	Wissens- und Technologietransfer durch Migration im Handwerk, Steuerungsinstrument in gewerblichen Arbeitsmärkten durch Zünfte
Heirats- und Liebeswanderung	Wechsel des geographischen und sozialen Raumes wegen einer Heirat oder einer Liebesbeziehung
Kulturwanderung	Wechsel in kulturell attraktive Städte und Stätten (‹Künstlerkolonien›, Weltstädte / ‹Global Cities› als kulturelle Zentren)
Nomadismus/ Migration als Struktur	Permanente oder wiederholte Bewegung zur Nutzung natürlicher, ökonomischer und sozialer Ressourcen durch Viehzüchter, Gewerbetreibende, Dienstleister oder brandrodende Bauern
Siedlungswanderung	Migration mit dem Ziel des Erwerbs von Bodenbesitz zur landwirtschaftlichen Bearbeitung
Sklaven- und Menschenhandel	Migration (Deportation) zur Realisierung von Zwangsarbeit, d. h. jeder Art von Arbeit oder Dienstleistung, die von einer Person unter Androhung irgendwelcher Strafen verlangt wird
Wanderarbeit	Arbeitswanderung im Umherziehen, ortlose Wanderarbeitskräfte finden sich vor allem im Baugewerbe (Eisenbahnbau, Kanalbau)

Formen	**Merkmale, Teilphänomene und Beispiele**
Wanderhandel	Handelstätigkeit im Umherziehen, meist Klein- und Kleinsthandel, z. B. Hausierer
Wohlstandswanderung	Migration finanziell weitgehend unabhängiger Personen aus vornehmlich klimatischen oder gesundheitlichen Erwägungen (Rentner- und Seniorenwanderung, ‹lifestyle migration›)
Zwangswanderung	Migration, die sich alternativlos aus einer Nötigung zur Abwanderung aus politischen, ethno-nationalen, rassistischen oder religiösen Gründen ergibt (Flucht, Vertreibung, Deportation, Umsiedlung)

Tabelle 2: Migrationsformen

wanderungen abgrenzen. Beide Formen sind eng miteinander verknüpft. Kulturwanderungen zielen zeitlich begrenzt oder dauerhaft auf kulturell attraktive Städte und Stätten. Das können urbane Kultur- und Bildungsräume sein, aber auch spezifische kulturelle Rückzugs- oder Experimentierräume, wie sie sich beispielsweise als ‹Künstlerkolonien› vornehmlich im Europa des späten 19. Jahrhunderts ausprägten (z. B. Worpswede bei Bremen oder Pont-Aven in der Bretagne). Wohlstandswanderungen im engeren Sinn verweisen auf die Ansiedlung finanziell weitgehend unabhängiger Personen, die vor allem aus klimatischen, gesundheitlichen oder kulturellen Erwägungen ihren Wohnsitz auf Zeit oder auf Dauer verlegen – im späten 19. Jahrhundert galt das z. B. für Nizza in Südfrankreich, Sotschi am Schwarzen Meer oder Darjeeling in Britisch-Indien, heute gilt es etwa für Mallorca oder den ‹Sunshine State› Florida. Typologische Abgrenzungsversuche zwischen Kultur- und Wohlstandswanderungen sind schwierig. Kulturwanderungen können Wohlstandswanderungen sein und umgekehrt, lassen sich aber auch als Arbeits- oder Ausbildungswanderungen beschreiben: Künstlerkolonien als Räume künstlerischer Produktion zur Sicherung der Subsistenz, Universitätsstädte als Orte qualifizierter akademischer Ausbildung und kulturelle Zentren als Arbeitsmärkte für Akademiker.

Kommunikation, Netzwerke und Migrantenberufe

Kommunikationsprozesse motivieren und strukturieren räumliche Bevölkerungsbewegungen; ob und inwieweit eine Abwanderung als individuelle oder familienwirtschaftliche Alternative verstanden wird, hängt entscheidend vom Wissen über Migrationsziele, -pfade und -möglichkeiten ab. Damit Arbeits-, Ausbildungs- und Siedlungswanderungen einen gewissen Umfang und eine gewisse Dauer erreichen, bedarf es kontinuierlicher und verlässlicher Informationen über das Zielgebiet. Die Formen der Vermittlung sind vielgestaltig: Ein zentrales Element bildet die mündliche oder schriftliche Übermittlung von Wissen über Beschäftigungs-, Ausbildungs-, Heirats- oder Siedlungschancen durch vorausgewanderte (Pionier-)Migranten, deren Nachrichten aufgrund von verwandtschaftlichen oder bekanntschaftlichen Verbindungen ein hoher Informationswert beigemessen wird. Vertrauenswürdige, zur Genese und Umsetzung des Wanderungsentschlusses zureichende Informationen stehen dem potenziellen Migranten häufig nur für einen Zielort bzw. für einzelne, lokal begrenzte Siedlungsmöglichkeiten oder spezifische Segmente des Arbeits- oder Ausbildungsmarktes zur Verfügung, sodass realistische Wahlmöglichkeiten zwischen verschiedenen Zielen nicht gegeben sein müssen.

Die Bedeutung der Informationsvermittlung mit Hilfe verwandtschaftlich-bekanntschaftlicher Netzwerke kann nicht überschätzt werden. Verwandte oder Bekannte bildeten beispielsweise die erste Station oder das direkte Ziel der Reise von 94 Prozent aller Europäer, die um 1900 in Nordamerika eintrafen. Mindestens 100 Millionen private ‹Auswandererbriefe› sind z. B. 1820–1914 aus den USA nach Deutschland geschickt worden und kursierten in den Herkunftsgebieten im Verwandten- und Bekanntenkreis. Herkunftsräume und Zielgebiete waren in diesem Fall mithin über transatlantische Migrationsnetzwerke – durch Verwandtschaft, Bekanntschaften und Herkunftsgemeinschaften zusammengehaltene Kommunikationssysteme – miteinander verbunden.

Damit ist die Wirkung von migratorischen Netzwerken aber

Hintergrund	– Chancenwahrnehmung (Arbeits- und Siedlungswanderungen) – Zwang (Flucht, Vertreibung, Deportation, meist politisch und weltanschaulich bedingt oder Folge von Kriegen) – Krise (z.B. Abwanderung aufgrund menschlicher oder natürlicher Umweltzerstörung, akuter wirtschaftlicher und sozialer Notlagen) – Bildung/Ausbildung (Erwerb von beruflichen oder akademischen Qualifikationen) – Lebensstil (Kulturwanderungen, Wohlstandswanderungen)
Raum	– intraregional (Nahwanderungen) – interregional (mittlere Distanz) – grenzüberschreitend (muss keine großen Distanzen umfassen, der Grenzübertritt hat aber in der Regel erhebliche rechtliche Konsequenzen für das Individuum) – interkontinental (große Distanzen, in der Regel mit relativ hohen Kosten verbunden)
Richtung	– unidirektional (Wanderung zu einem Ziel) – etappenweise (Zwischenaufenthalte werden eingelegt, v.a. um Geld für die Weiterreise zu verdienen) – zirkulär (mehr oder minder regelmäßiger Wechsel zwischen zwei Räumen) – Rückwanderung
Dauer des Aufenthalts	– saisonal – mehrjährig – Arbeitsleben – Lebenszeit und intergenerationell

Tabelle 3: Hintergründe und raum-zeitliche Dimensionen von Migration

noch nicht zureichend beschrieben: Eine Anzahl von Migrantengruppen aus einem jeweils identischen Herkunftsgebiet lässt sich ausmachen, für die bestimmte Berufe charakteristisch zu sein scheinen: Beinahe alle Fish-and-Chips-Imbisse der Republik Irland lagen beispielsweise an der Wende vom 20. zum 21. Jahrhundert in der Hand von Personen, die aus dem Dorf Casalattico in der mittelitalienischen Provinz Frosinone stammten bzw. aus einem Umkreis von rund 10 km um dieses Dorf. Der erste von Italienern aus diesem eng begrenzten Herkunftsgebiet betriebene Fish-and-Chips-Imbiss in Irland wurde 1904 eröffnet. Gegenwärtig stammen drei Viertel aller Migranten italienischer Herkunft in Irland aus dem Dorf Casalattico. In der

Frühen Neuzeit und bis in das 19. Jahrhundert hinein finden sich europaweit Führer dressierter Bären aus der italienischen Provinz Caserta oder bis in die 1930er Jahre auf Gemüseanbau spezialisierte Wandergärtner aus Bulgarien. Wanderhändler für Setzlinge und Blumenzwiebeln stammten aus dem französischen Département Isère und übten ihr Gewerbe nicht nur in ganz Europa, sondern auch in Asien bis nach Japan aus. Vom 17. Jahrhundert bis zum Zweiten Weltkrieg kamen Wanderhändler aus der südchinesischen Provinz Zhejiang über Sibirien nach Europa, um vor allem Schnitzereien aus Speckstein zu verkaufen. Die lippischen Ziegler, die aus dem kleinen Fürstentum Lippe-Detmold kamen, dominierten vom 17. bis zum 19. Jahrhundert die Ziegel- und Dachpfannenherstellung in bestimmten Segmenten der Produktion in ganz Nordwesteuropa. In den USA leben gegenwärtig rund 50 000 Patel, die aus der indischen Provinz Gujarat seit den 1950er Jahren eingewandert sind. Sie besitzen 18 000 Motels in den USA und damit den größten Teil der nicht kettengebundenen Herbergen an den US-Fernstraßen.

Ausgemacht werden kann bei diesen Formen berufsspezifischer Migration, für die sich viele weitere Beispiele finden lassen, dass die in bestimmten Nischen angebotenen Qualifikationen nicht auf die jeweilige, in der Regel sehr eng umgrenzte Herkunftsregion zurückzuführen sind. Arbeitswanderung war hier mithin nicht Wanderung von Fachkräften, spezifisches berufliches Wissen war vielmehr erst Ergebnis der Arbeitswanderung. In weiten Teilen Europas tätige Zinngießer aus den italienischen Alpen erwarben ihre Kenntnisse beispielsweise erst mit dem Verlassen des Herkunftsgebietes, in dem es keine Tradition dieses Handwerks gab. Das galt gleichermaßen für die lippischen Ziegler, die über viele Generationen hinweg den spezifischen ‹Migrantenberuf› Ziegler erst in den Zielgebieten erlernten.

Vermittelt wurden die beruflichen Spezialkenntnisse fest umrissener Migrantengruppen innerhalb verwandtschaftlich-bekanntschaftlicher Kommunikationsnetze, die auch die Arbeitsmöglichkeiten innerhalb des spezifischen Berufssegments boten. Pioniermigranten nahmen, mehr oder minder zufällig, Arbeitsmarktchancen wahr und vermittelten, falls sich denn das

Segment als geeignet für die Entwicklung weiterer Marktchancen erwies, spezifisches Wissen an Bekannte und Verwandte. Diese wiederum standen nach erfolgter Ausbildung als Anbieter von Wissen für neue Migranten aus dem Kommunikationsnetz zur Verfügung. So konnte es geschehen, dass eine Gruppe bestimmte Arbeitsmarkt- oder Produktnischen dominierte und diese Monopole mit Hilfe stabiler verwandtschaftlich-bekanntschaftlicher Kommunikationsnetzwerke über lange Zeiträume in bestimmten Regionen aufrechterhielt.

Wissen über Chancen und Gefahren der Ab- bzw. Zuwanderung, über räumliche Ziele, Verkehrswege sowie psychische, physische und finanzielle Belastungen vermitteln darüber hinaus mündliche und schriftliche Auskünfte staatlicher, religiöser oder privater Organisationen und Beratungsstellen. Die verschiedensten Medien verbreiten zudem Informationen, die für den Wanderungsprozess von Belang sein können – von der ‹Auswandererliteratur› des 19. Jahrhunderts über Artikel in Zeitungen und in Zeitschriften bis hin zu Berichten im Rundfunk, im Fernsehen oder im Internet. Auch die staatliche oder private Anwerbung von Arbeits- oder Siedlungswanderern – z. B. mit Hilfe von Agenten bzw. Werbern – kann als eine Form des Transfers von Wissen über Chancen der Migration verstanden werden. Welche Informationen wann und mit welcher Intensität und Reichweite zur Migrationsentscheidung beitragen und Migrationspfade prägen, hängt von zahlreichen individuellen oder gruppenspezifischen Faktoren ab, die von der Situation (bzw. dem Wissen darüber) sowohl im Ausgangsraum als auch in der Zielregion bestimmt sind. Migrationsentscheidungen unterliegen also in der Regel multiplen Antrieben, eine Vielfalt unterschiedlicher Motive bestimmt die Entscheidung zur Abwanderung bzw. zur Zuwanderung in einen bestimmten Raum. Dabei sind zumeist wirtschaftliche, soziale, politische, religiöse und persönliche Motive in unterschiedlichen Konstellationen mit je verschiedener Reichweite eng miteinander verflochten.

Der Prozess der Migration bleibt grundsätzlich ergebnisoffen, denn Wanderungsintention und Wanderungsergebnis treten nicht selten deutlich auseinander: Räumliche Bewegungen werden beispielsweise abgebrochen, weil bereits ein im Zuge einer Transitwanderung zunächst nur als Zwischenstation gedachter Ort unverhofft neue Chancen bietet. Umgekehrt kann sich das geplante Ziel als ungeeignet oder wenig attraktiv erweisen, woraus eine Weiterwanderung resultiert. Zudem kann der Erfolg im Zielgebiet die Rückkehr in die Heimat möglich oder der Misserfolg sie nötig machen. Häufig wird eine geplante Rückkehr aufgeschoben, bis die Fremde zur Heimat geworden ist und die alte Heimat zur Fremde. Die Direktwanderung vom Herkunfts- in den Zielort stellt nur eine von vielen Möglichkeiten dar, denn der Wanderungsprozess ist häufig durch Etappen gekennzeichnet, die immer auch dauerhaftes Ziel werden können: So wird beispielsweise Lohnarbeit an derartigen Zwischenzielen aufgenommen, um Bargeld für die Weiterreise zu verdienen oder die Ansiedlung vorzubereiten.

Nomadismus

Nomadismus bildet eine weitere, traditionsreiche Migrationsform. Die Lebens- und Wirtschaftsweise der Nomaden ist ganz auf die Bewegung im Raum ausgerichtet, dauerhafte Mobilität erschließt natürliche, ökonomische und soziale Ressourcen, die die Sicherung der Subsistenz ermöglichen. Von anderen Wanderungsformen unterscheidet sich Nomadismus insofern, als Nomaden zwar den geographischen, nicht aber zugleich in dem Maße den sozialen Raum wechseln; vielmehr sind größere Gruppen mit festen Sozialstrukturen oder auch ganze Gesellschaften mobil, sodass nicht, wie zumeist bei den anderen Wanderungsformen, Einzelne oder kleinere Gruppen aus einer Gesellschaft herausgelöst und von einer anderen aufgenommen werden. Das aber schließt keineswegs vielfältige Wechselbeziehungen und zum Teil intensive Kontakte mit sesshaften Kollektiven aus: Nomaden sind sehr häufig auf Viehwirtschaft (zumeist Rinder, Pferde, Schafe, Rentiere oder Kamele) spezialisiert. Um pflanzliche Nahrungsmittel, darunter vor allem Getreide, oder auch Güter des täglichen Bedarfs und Luxusprodukte zu erwerben, suchen sie den ökonomischen Austausch mit Bevölkerungen, die nicht durch Mobilität als Strukturelement gekennzeichnet sind. Vertiefte wirtschaftliche, soziale, kulturelle und politische Beziehungen zu sesshaften Kollektiven ergeben sich zudem vor allem dann, wenn Nomaden die Viehwirtschaft als Kern ihrer Ökonomie mit Tätigkeiten als Händler oder Handwerker kombinieren. Darüber hinaus bilden Nomaden für sesshafte Bevölkerungen häufig wichtige Träger von Nachrichten und Informationen. Neben die Kooperation tritt allerdings nicht selten die Konfrontation: Insbesondere über Landnutzung und Landnutzungsrechte entbrannten in der langen Geschichte nomadischer Kollektive immer wieder Konflikte, die in langwährende kriegerische Auseinandersetzungen münden konnten.

Die räumliche Bewegung der Nomaden folgt häufig mehr oder minder langen Zyklen und ist geprägt durch zum Teil sehr alte Wanderungstraditionen. Der Wechsel der Wanderungspfade bildet eine der zentralen Strategien der Anpassung an wirtschaftliche, politische, gesellschaftliche oder umweltbedingte Veränderungen, der Übergang zur Sesshaftigkeit eine andere. Abwechselnde, jeweils längere Phasen von Sesshaftigkeit und von Mobilität kennzeichnen die (Übergangs-)Form des Teilnomadismus. Eine spezifische, traditionsreiche Form des Teilnomadismus bildet die Transhumanz, der regelmäßige, Jahr um Jahr wiederholte Wechsel der Weidegebiete im Rhythmus der Jahreszeiten. Sommer- und Winterweidegebiete sind in der Regel relativ eng umgrenzt, und eine saisonale Pendelwanderung von Hirten und Vieh verbindet zwei Kleinregionen. Dabei bildet eine der beiden Regionen den durch feste Gebäude geprägten Siedlungsraum, der regelmäßig wieder aufgesucht wird und in dem die Hirten(familien) für einen Großteil des Jahres sesshaft sind. Transhumanz ist vor allem durch den Wechsel zwischen – zum Teil mehrere Hundert Kilometer voneinander entfernten – Tal- und Höhenlagen gekennzeichnet. Zahlreiche Beispiele boten lange die Bergregionen des Mittelmeerraumes (vor allem auf der Iberischen Halbinsel, in Frankreich und in Südosteuropa). Andere Charakteristika weist der Bergnomadismus auf, bei dem es zwar auch einen saisonalen Wechsel zwischen Tal- bzw. Steppen- und Höhenlagen gibt, das Kollektiv allerdings nirgendwo sesshaft ist. Bei Gruppen, die Brandrodungsfeldbau betreiben, findet sich wiederum eine andere Form der Lebensführung: Hier wechseln sich längere Phasen der Sesshaftigkeit (und der Nutzung durch Brandrodung gewonnener Äcker) mit kürzeren Phasen der Mobilität (die Abwanderung in ein für das Abbrennen geeignetes Gebiet) ab. Die jeweilige Dauer der Phase der Sesshaftigkeit ist von den naturräumlichen Gegebenheiten und von den Nutzungsformen abhängig.

Das Auftreten von Nomadismus ist weder an bestimmte Klima- und Vegetationszonen gebunden, noch werden bestimmte Klima- und Vegetationszonen ausschließlich nomadisch genutzt. Allerdings entwickelten sich in der Vergangenheit wegen der häufigen Verbindung von Nomadismus und extensiver Weidewirtschaft doch relativ klare räumliche Muster: Im Europa der Neuzeit verloren die ohnehin nur in den Peripherien in größerem Maßstab verbreiteten Formen extensiver Weidewirtschaft fortschreitend an Bedeutung und bildeten seit dem späten 19. Jahrhundert nur noch ein marginales Phänomen. In Asien und Afrika hingegen gestalteten relativ viele und umfangreiche Kollektive mobiler Viehzüchter Wirtschaft und Gesellschaft auch noch im 19. und 20. Jahrhundert. Große Teile der Bevölkerung im durch Wüsten, Halbwüsten, Steppen und Savannen gekennzeichneten Trockengürtel von Nordchina und der Mongolei über den Hindukusch, Zentralasien und Anatolien bis nach Arabien und Nordafrika waren durch Hirtennomadismus geprägt. Das galt – abgesehen von den Küstengebieten – auch für den Gürtel südlich der tropischen Zone Afrikas. Noch am Ende des 19. Jahrhunderts sollen Nomaden beispielsweise im Iran ein Viertel der Bevölkerung gestellt haben; danach allerdings ging ihre Zahl immer weiter zurück. Auch wenn nomadische Lebensweisen aufgrund von Industrialisierung, Urbanisierung, Agrarmodernisierung, der Verkehrsrevolution und der zunehmenden Verdichtung staatlicher Herrschaft an Bedeutung verloren, blieben Nomaden dennoch nicht zuletzt aufgrund traditionell sehr flexibler Anpassungsstrategien bis in die Gegenwart selbstverständlicher Teil regionaler Ökonomien und Gesellschaften –

von den Samen im skandinavischen Norden über die westsibirischen Nenzen und die ostafrikanischen Massai bis hin zu den südwestafrikanischen Himba.

Niederlassung und Integration

Kenntnisse über Wanderungsformen helfen nur bedingt bei der Autopsie von Prozessen der Niederlassung und Integration, zumal Absicht und Ergebnis von Wanderungen, wie gezeigt, nicht übereinstimmen müssen: Die dauerhafte Wohnsitznahme bildet nur eine von mehreren möglichen Ergebnissen des Migrationsprozesses. Vom Ende der 1950er Jahre bis zum sogenannten ‹Anwerbestopp› 1973, der die Rekrutierung ausländischer Arbeitskräfte durch die Bundesanstalt für Arbeit beendete, kamen z. B. rund 14 Millionen ausländische Arbeitskräfte nach Westdeutschland, ca. 11 Millionen, rund 80 Prozent also, wanderten wieder ab.

Integration als eine mögliche Folge von Migrationsprozessen ist ein alltäglicher und in der Regel unauffälliger und unspektakulärer wirtschaftlicher, gesellschaftlicher, kultureller und mentaler Anpassungsprozess, der schrittweise verläuft und Generationen übergreifen kann. Dabei verblassen vorgebliche oder tatsächliche distinktive Merkmale zwischen Zuwanderern bzw. Zuwanderergruppen und einheimischer Bevölkerung immer weiter, wie beispielsweise bestimmte Selbst- bzw. Fremdzuschreibungen (z. B. ethnische Zugehörigkeit, kulturelle Muster, nationale bzw. regionale Identitäten) oder soziale bzw. wirtschaftliche Kriterien (z. B. Sprache, soziale Stellung, berufliche Positionen und Qualifikationen).

Integration verändert bei größeren Migrationsbewegungen sowohl die Zuwanderergruppen als auch die Aufnahmegesellschaft, wenn auch in der Regel die Anpassungsleistungen der Zuwanderergruppen jene der Aufnahmegesellschaft wesentlich übersteigen. Integration bildet einen hochgradig komplexen Prozess, der unter je spezifischen Voraussetzungen bei ganz verschiedenen und sich wandelnden Rahmenbedingungen unterschiedliche Formen in diversen gesellschaftlichen Bereichen annimmt. In der historischen Lebenswirklichkeit war Integration weder für die Zuwanderer- noch für die Mehrheitsbevölkerung *ein* Globalereignis *einer* Anpassung an *eine* Gesellschaft. Integration bedeutete vielmehr konkret das permanente Aushandeln von Chancen der ökonomischen, politischen, religiösen, rechtlichen oder kulturellen Teilhabe. Integration schreitet dabei in den verschiedenen gesellschaftlichen Bereichen mit unterschiedlichen Geschwindigkeiten voran – eine uneingeschränkte Teilhabe des Zuwanderers am Arbeitsmarkt bedeutet beispielsweise nicht, dass er rasch eine Wohnung findet, ungehindert im Wohnort am Vereinsleben teilnehmen kann bzw. die Teilhabechancen für seine Kinder im Erziehungssystem günstig sind. Integration wird dabei von Individuen, Gruppen oder Organisationen in der Zuwanderer- wie in der Mehrheitsbevölkerung in ihren je verschiedenen Stadien immer unterschiedlich wahrgenommen und vermittelt.

Staat und Migration

Jenseits der geschilderten individuell oder gruppenspezifisch wirksamen Faktoren beeinflussen Migrationsregime die Entstehung, Umsetzung und Gestaltung von Migrationsoptionen Einzelner, von Familien oder Gruppen; sie kontrollieren, fördern, steuern oder begrenzen das Handeln von (potenziellen) Migranten. Sie beschränken oder erweitern mithin die Spielräume von Individuen oder Kollektiven, durch Bewegungen zwischen geographischen und sozialen Räumen Arbeits-, Erwerbs- oder Siedlungsmöglichkeiten, Bildungs- oder Ausbildungschancen zu verbessern bzw. sich neue Chancen zu erschließen. Elemente von Migrationsregimen bilden für die Rahmung und Gestaltung von Migrationsprozessen relevante Wertorientierungen und Traditionen, weltanschauliche und politische Prinzipien, obrigkeitlich bzw. staatlich gesetzte Regeln, institutionelle Gefüge sowie administrative Entscheidungsprozeduren und Handlungsmuster. Sie sind abhängig von je spezifischen Vorstellungen über den Stellenwert von Migration und Migranten und geprägt durch ein Geflecht von sozial-, bevölkerungs- und arbeitsmarktpoliti-

Form	Merkmale
Deportation	Zwangsmaßnahme zur zielgerichteten räumlichen Bewegung rekrutierter Zwangsarbeitskräfte
Evakuierung	Zwangsmaßnahme, die in einer als unmittelbare Notlage perzipierten Situation räumliche Bevölkerungsbewegungen in kurzer Frist veranlasst und auf eine Rückführung nach der Beendigung der nicht für dauerhaft erachteten Notlage ausgerichtet ist. Flucht und Evakuierung lassen sich oft kaum voneinander abgrenzen
Flucht	Ausweichen vor einer lebensbedrohenden Zwangslage aufgrund von Gewalt
Umsiedlung	Zwangsmaßnahme zur zielgerichteten Verlagerung von Siedlungsschwerpunkten größerer (Minderheiten-)Gruppen
Vertreibung	Zwangsmaßnahme der Initiierung und Durchsetzung räumlicher Bevölkerungsbewegungen, die keine Maßnahmen zur Wiederansiedlung umfasst

Tabelle 4: Typologie der Zwangsmigrationen

schen, wirtschafts- und nationalitätenpolitischen, sicherheits- und außenpolitischen Interessen. Ihren Ausdruck finden sie in Vorstellungen und Debatten über Konzepte wie Nation, Zugehörigkeit und Identität, aber auch über die ökonomische Situation oder die Sicherheit im Alltag.

Staatliches oder obrigkeitliches Handeln bildet einen der wichtigsten Hintergründe für Zwangswanderungen als einer weiteren wesentlichen Migrationsform. Zwangsmigration ist durch eine Nötigung zur Abwanderung verursacht, die keine realistische Handlungsalternative zulässt. Sie kann Flucht vor Gewalt sein, die Leben und Freiheit direkt oder erwartbar bedroht, zumeist aus politischen, ethno-nationalen, rassistischen oder religiösen Gründen. Zwangsmigration kann aber auch gewaltsame Vertreibung, Deportation oder Umsiedlung bedeuten, die sich oft auf ganze Bevölkerungsgruppen erstreckt. Nicht selten verbinden sich solche Formen mit Zwangsarbeit. Eine Typologie von Zwangsmigrationen erschließt eine Vielzahl unterschiedlicher Begriffe, die wiederum mit Abgrenzungsproblemen eigener Art verbunden sind, wie Tabelle 4 zeigt.

Zwangsmigration war rückblickend zumeist Ergebnis von Krieg, Bürgerkrieg oder von Maßnahmen autoritärer Systeme – vor allem die Weltkriege, aber auch die Prozesse von Kolonisation und Dekolonisation bildeten elementare Katalysatoren in der globalen Geschichte der Zwangswanderungen in der Neuzeit.

3. Die Erschließung und Verdichtung des globalen Raums durch Migration vom 16. bis zum 19. Jahrhundert

Mit der spanischen und portugiesischen Eroberung der Amerikas seit dem Übergang vom 15. zum 16. Jahrhundert verbanden sich nur in einem relativ geringen Umfang Bewegungen von Europäern. Schon die lediglich einige wenige Jahrzehnte umfassenden Eroberungszüge nach dem ersten Eintreffen Christoph Kolumbus' in der Karibik 1492 kamen mit bemerkenswert wenig europäischem Personal aus – ein Resultat der technisch-taktischen Überlegenheit der Europäer, die mit einer erfolgreichen Politik korrespondierte, innere und zwischenstaatliche Konflikte unter den Einheimischen für die eigenen Interessen zu nutzen. Ihre neuen Territorien verstanden die spanischen und portugiesischen Herrscher zudem nicht als Siedlungsgebiete, sondern als Kolonien zum Zwecke wirtschaftlicher Ausbeutung. Die Kosten für die Aufrechterhaltung der kolonialen Herrschaft mussten die abhängigen Gebiete selbst aufbringen, darüber hinaus übernahm vor allem das spanische Kolonialreich die Funktion, die Großmachtpolitik des Mutterlandes in Europa zu finanzieren. Symbol dafür war die jährliche Flotte, die europäische Fertigwaren nach Mittel- und Südamerika transportierte und mit in Mexiko (vor allem in Zacatecas) und in Bolivien (Potosí) gewonnenem Silber ein überaus wertvolles Handelsgut nach Europa zurückbrachte.

Voraussetzung für die ‹Inwertsetzung› der überseeischen Besitzungen durch Erschließung und Abbau der Bodenschätze oder die Produktion von Agrargütern war eine große Zahl von Arbeitskräften. An ihnen aber mangelte es, zum einen, da die Eroberungen zu einem immensen Rückgang der einheimischen Bevölkerung führten. Hintergrund waren die hohen Todesraten in den Kämpfen zwischen Einheimischen und Konquistadoren. Wesentlich stärker aber wirkte ein anderer Faktor: Afrika, Asien und Europa waren aufgrund von Wanderungen, Handels- und Reiseverkehr über die Jahrtausende auch epidemiologisch verbunden geblieben, nicht aber Australien und die Amerikas, sodass nach dem Eintreffen der Europäer in der ‹Neuen Welt› Epidemiewellen die einheimische Bevölkerung dezimierten. Viele der Bakterien und Viren, die die Eroberer mitbrachten und gegen die sie immun waren, wirkten für die Einheimischen tödlich. Die Gesamtbevölkerung im spanischen Süd- und Mittelamerika der vorkolumbianischen Zeit von vielleicht 40 Millionen soll bis 1570 auf rund 9 Millionen und bis 1620 auf nur mehr 4 Millionen zurückgegangen sein. In den Zonen frühen und intensiven Kontakts zwischen Europäern und Einheimischen, wie auf einigen karibischen Inseln, erwiesen sich die Epidemien als derart verheerend, dass die einheimische Bevölkerung innerhalb weniger Jahrzehnte ganz ausstarb.

Dieser hier nur grob skizzierte Zusammenhang bildete vom späten 15. Jahrhundert bis in das frühe 19. Jahrhundert einen zentralen Hintergrund globaler Wanderungsbewegungen: Überschlägige Berechnungen sind zu dem Ergebnis gekommen, dass ca. 10 Millionen Menschen in den mehr als drei Jahrhunderten zwischen dem Eintreffen Kolumbus' in der Karibik 1492 und dem Jahr 1820 in die Amerikas zogen. Davon kamen rund 2 Millionen aus Europa und etwa 8 Millionen als Sklaven aus Afrika.

Europa verließen neben den für die Etablierung und Aufrechterhaltung der Herrschaft nötigen Soldaten und Beamten auch zahlreiche Missionare. Europäer stellten darüber hinaus Kaufleute, Plantagenbesitzer und -betreiber, aber auch städtische Handwerker, Bauern sowie zu vielleicht einem Drittel Arbeitskräfte, die als Unfreie auf den Doppelkontinent gekommen waren: Dazu zählten die rund 50 000 Sträflinge, die die britische Kolonialmacht zwischen 1718 und 1775 in die nordamerikanischen Kolonien Virginia und Maryland transportierte. Wesentlich umfänglicher aber war die Gruppe jener europäischen Vertragsarbeitskräfte, die als ‹Indentured Servants› bzw. ‹Engagés› das Angebot an Arbeitskräften in den Kolonien Großbritanniens und Frankreichs ergänzen sollten. Diese ‹Kontraktknechte› verpflichteten sich in Europa für drei bis zehn Jahre einem Arbeitgeber, der die Überfahrt sowie Kost und Logis bezahlte. Lohn erhielten sie nicht, meist stand den Vertragsarbeitskräften jedoch am Ende ihrer Vertragslaufzeit ein Stück Land zu.

Viele der ‹Kontraktknechte› begaben sich freiwillig in die Hand eines Farmers oder Pflanzers, weil sie die befristete Bindung an einen Arbeitgeber als Chance verstanden, durch die sie sich auf längere Sicht eine Verbesserung ihrer Situation erhofften. Darüber hinaus aber nutzten die Obrigkeiten in Europa das System der Verträge dazu, Marginalisierte oder Straffällige aus Europa zu entfernen. Weil sich die Lebens- und Arbeitsverhältnisse der Vertragsarbeitskräfte nicht selten als prekär herausstellten, sie von den Herren als veräußerbarer Besitz verstanden wurden und das Machtgefälle zwischen Herren und ‹Kontraktknechten› so groß war, dass Übergriffe, Misshandlungen und Missachtungen der Vertragsbestimmungen an der Tagesordnung waren, ließ allerdings im 18. Jahrhundert die Bereitschaft nach, sich in ein solches Vertragsverhältnis zu begeben.

Afrikanische Sklaven

Während im Norden der Amerikas die europäische Zuwanderung dominierte, prägte den Süden bis in das 19. Jahrhundert die Migration von Afrikanern, genauer: afrikanischen Sklaven. Eine ganze Reihe von Gründen führte zur Etablierung eines sehr umfangreichen und räumlich weit ausgreifenden Systems der Beschäftigung afrikanischer Sklaven. Legitimationsgrundlage der Versklavung von Afrikanern waren rassistische Vorstellungen der europäischen Kolonialherren. Diese allein aber erklären das Ausmaß und die lange Dauer des Phänomens nicht. In erster Linie sprachen aus europäischer Sicht wirtschaftliche Erwägungen für den Einsatz von Sklaven: Wegen des bereits geschilderten epidemiologischen Kontakts zwischen Europa und Afrika waren Afrikaner gegen die von den Europäern in die ‹Neue Welt› eingeschleppten Krankheiten ebenso resistent wie die Europäer; gegen Tropenkrankheiten erwiesen sie sich sogar als noch resistenter als die Kolonisatoren.

Als es zur Etablierung der neuen Ökonomie in den Amerikas kam, war die Beschäftigung afrikanischer Sklaven schon jahrzehntelang erprobt: Bereits seit Anfang des 15. Jahrhunderts expandierte auf den Kanarischen Inseln und auf Madeira, später auch auf den von den Portugiesen eroberten Inseln vor Westafrika der Zuckerrohranbau, der ausschließlich auf den Export nach Europa ausgerichtet war, hohen Profit versprach, wegen der technischen Anforderungen und wegen des hohen Arbeitskräftebedarfs aber auch einen erheblichen Kapitalbedarf hatte. Arbeitskräfte aus Europa gab es nicht in ausreichender Zahl oder sie erwiesen sich als zu teuer. Deshalb wurden die Inselbevölkerungen versklavt und die weitere Nachfrage mit Afrikanern befriedigt. Weil es Portugal im Zuge seiner Expeditionen entlang der Westküste Afrikas gelungen war, in die bestehenden afrikanischen Handelsnetze einzudringen, fungierten portugiesische Kaufleute als Zwischenhändler unter anderem für Sklaven auf den Märkten in Westafrika und befriedigten auch den Bedarf an Arbeitskräften auf den Plantageninseln vor der Küste West- und Nordafrikas.

Das System der Produktion von Zucker auf Plantagen mit Hilfe afrikanischer Sklaven wurde seit Anfang des 15. Jahrhunderts in die Amerikas exportiert und in erheblich größerem Umfang in der Karibik und in Brasilien weiterentwickelt. Dieses überaus profitable Geschäft markierte den Beginn der Etablierung einer Plantagenökonomie in den Amerikas, die – bei einer Diversifizierung der Produktpalette von Tabak über Kaffee bis hin zur Baumwolle – schließlich im 19. Jahrhundert von den Südstaaten der USA bis nach Brasilien reichen sollte.

Zuverlässige, auf einer breiten Quellenbasis erschlossene Berechnungen gehen heute von einer Zahl von ca. elf Millionen Afrikanern aus, die zwischen 1519 und 1867 als Sklaven in die Amerikas transportiert worden sind. Bis zum Ende des 16. Jahrhunderts hatte der Sklavenhandel 266 000 Afrikaner umfasst. Im 17. Jahrhundert stieg er auf mehr als 1,2 Millionen an, die Hochphase bildeten dann das 18. und das 19. Jahrhundert: Zwischen 1701 und 1800 wurden 4,2 Millionen Sklaven von Afrika in die ‹Neue Welt› transportiert, bis 1867 folgten weitere 3,4 Millionen. Herkunftsräume waren Westafrika und das westliche Zentralafrika vom Senegal bis Angola. Der europäische Sklavenhandel im Westen Afrikas bildete nur einen Teilbereich eines weitreichenden Systems von Sklaverei und Sklavenhandel, das weite Teile Afrikas umfasste und nicht nur Ziele in Afrika und den Amerikas hatte, sondern auch im Bereich des Indischen Ozeans und in Arabien. Ohne eine intensive Kooperation mit afrikanischen Herrschern und Kaufleuten hätte sich der Nachschub an Sklaven für die europäischen Sklavenhändler nicht realisieren lassen, die in der Regel erst an der Küste im Westen Afrikas die Sklaven übernahmen. Versklavung war im afrikanischen Binnenland das Ergebnis 1. von Gefangennahmen im Kontext von Kriegen, 2. von Raubzügen mit dem Ziel des Sklavenfangs, 3. von Strafen, 4. der Schuldknechtschaft oder 5. eines Kaufs.

Sklaven waren ein wertvolles Handelsgut, das die europäischen Sklavenhändler im Tausch gegen hochwertige Waren erwerben mussten. In der Regel machten die Tauschwaren zwei Drittel der gesamten Kosten für die Expeditionen an die Westküste Afrikas aus. Textilien bildeten das wichtigste Tauschgut, hinzu kamen Waffen, Salz, Pferde, Alkohol oder Tabak. Insbesondere für das europäische Textilgewerbe bildete Westafrika deshalb einen wichtigen Absatzmarkt – ebenso wie die Plantagengebiete in den Amerikas, deren umfangreiche Sklavenbevölkerung mit europäischem Tuch eingekleidet wurde. Wegen der hohen Kosten für das Aufkaufen der Sklaven lag es im Interesse der Sklavenhändler, möglichst viele der Sklaven im Zustand der Arbeitsfähigkeit über den Atlantik zu transportieren. Die Überfahrt von einem Monat (nach Brasilien) bzw. zwei Monaten (in die Karibik) endete auf den kleinen Sklavenschiffen im 18. Jahrhundert für durchschnittlich 10 Prozent der Sklaven tödlich. Eine solche Todesrate entsprach jener auf europäischen Auswandererschiffen oder Truppentransportern dieser Zeit, lag aber niedriger als jene der europäischen Seeleute auf den Sklavenschiffen. Der wirtschaftliche Wert dieser maritimen Arbeitskräfte war für die Sklavenkaufleute gering.

Von den rund 9,5 Millionen Sklaven, die zwischen 1519 und 1867 in den Amerikas ankamen, gelangten mit 3,9 Millionen mehr als zwei Fünftel nach Brasilien. Unter den karibischen Inseln stachen Jamaika mit mehr als einer Million sowie das französische Saint-Domingue (Haiti) mit beinahe 800 000 hervor. Vor allem das Beispiel Saint-Domingue veranschaulicht die ökonomische Bedeutung von Zuckerproduktion und Sklavenarbeit: 1789, im Jahr der Französischen Revolution, produzierten ca. 8000 Plantagen mit rund 500 000 Sklaven zwei Drittel des gesamten französischen Außenhandels. Das britische Nordamerika bzw. die Vereinigten Staaten von Amerika waren in diesem Kontext mit 361 000 importierten Sklaven nachrangig. Tatsächlich wurden nach Süd- und Mittelamerika beinahe dreißig Mal mehr Sklaven eingeführt als nach Nordamerika, um 1900 aber lag zugleich die Zahl der Afro-Amerikaner in Lateinamerika nur dreimal höher als jene in Nordamerika. Dieser Widerspruch erklärt sich aus den durchaus unterschiedlichen Arbeits- und Lebensverhältnissen: In der Karibik und in Südamerika hielten nur die permanenten Sklaventransporte den Umfang der Sklavenbevölkerung stabil oder ließen ihn ansteigen, denn die hohe Sterblichkeit, ein ausgeprägter Überschuss an männlichen gegenüber weiblichen Sklaven, das geringe Interesse der Sklavenhalter, die Gründung von Familien zuzulassen, sowie die schwierigen Unterkunftsbedingungen für Familien beschränkten die natürliche Reproduktion. In Nordamerika gab es demgegenüber ein hohes natürliches Wachstum der Sklavenbevölkerung, hier setzte sich im 18. Jahrhundert unter den Sklavenbesitzern die Auffassung durch, das Leben des Sklaven in einer Familie stabilisiere die sozialen Beziehungen auf der Plantage und spare Kosten, weil die Kinder der Sklaven als Arbeitskräfte eingesetzt werden konnten. Die zunehmenden Behinderungen des Sklavenhandels nach dem britischen Verbot 1807 ließen das Gewicht solcher Überlegungen noch erheblich wachsen.

Die Folgen des Verbots des Sklavenhandels waren außerordentlich vielgestaltig, sie betrafen auch die globale Migrationssituation. Zunächst gilt festzuhalten, dass das britische Verbot des Sklavenhandels im 19. Jahrhundert keineswegs rasch zu einer erheblichen Abnahme der Zahl der über den Atlantik transportierten Sklaven führte. Vielmehr dauerte es Jahrzehnte, bis das Verbot durchgesetzt werden konnte; erst zur Mitte des 19. Jahrhunderts gingen die Transportziffern massiv zurück. Die USA hatten 1808 die Einfuhr von Sklaven verboten, Frankreich folgte diesem Beispiel 1848, Spanien 1862. Die Sklaverei selbst wurde im britischen Weltreich 1833 verboten, die USA folgten mit dem Ende des Amerikanischen Bürgerkriegs 1865, in Kuba hielt sie noch bis 1886 an, in Brasilien bis 1888.

Für die Arbeitsverfassung der ökonomisch lange Zeit bedeutsamen Plantagenwirtschaften, die für Jahrhunderte einen guten Teil der Produkte erzeugt hatten, die den interkontinentalen Warenverkehr dominierten und das Wachstum des Welthandels trugen, bedeutete die Abschaffung der Sklaverei einen erheblichen Einschnitt. In einigen Gebieten ging die Produktion massiv zurück: Der Umfang des Zuckerexportes Jamaikas beispielsweise hatte 1820 beinahe 90 000 Tonnen betragen und erreichte 1913 nur mehr knapp 5 Prozent dieser Summe. Zwar standen auf der Insel wegen der hohen Zahl freigelassener Sklaven und ihrer Nachkommen genügend Arbeitskräfte zur Verfügung. Diese zeigten aber angesichts miserabler Lohn- und Arbeitsbedingungen wenig Neigung, auf den Plantagen zu arbeiten. Hinzu kam der massive Rückgang der Zuckerpreise durch den raschen Aufstieg der europäischen Zuckerrübenproduktion, die die wichtigsten Abnehmer des Plantagenzuckers wegbrechen ließ.

Andernorts nahm die Transformation der Arbeitskräftesituation der Plantagen eine andere Gestalt an: Zum Teil konnte die Produktion aufrechterhalten werden, weil die Arbeitskräfte afrikanischer Herkunft weiterhin zur Verfügung standen, nun als Lohnarbeitskräfte, deren Lebens- und Arbeitsverhältnisse sich allerdings häufig kaum von der Situation als Sklaven unterschieden. Voraussetzung für die Aufrechterhaltung von Plantagenwirtschaften waren meist bessere Absatzbedingungen und höhere Preise als im Falle des Zuckers. Das galt beispielsweise für Baumwolle oder Kaffee. Zum Teil rekrutierten Plantagenbetreiber aber auch neue, in Europa oder in Asien als Kontraktknechte angeworbene Arbeitskräfte. Zum Teil wurden Plantagen aufgelöst, einzelne Parzellen verkauft oder verpachtet, ohne dass es zu einer Veränderung der Produktpalette gekommen wäre. Für die Entwicklung der Migrationsverhältnisse lässt sich festhalten: Der Strom afrikanischer Sklaven, der jahrhundertelang die interkontinentalen Bewegungen dominiert hatte und zur Etablierung einer Plantagenökonomie führte, die zu einem guten Teil das Wachstum des interkontinentalen Warenverkehrs trug, lief Mitte des 19. Jahrhunderts aus.

Europäische Siedler

In den ersten 300 Jahren der europäischen Kolonisation seit dem späten 15. Jahrhundert hatten insgesamt rund 8 bis 9 Millionen Europäer den Kontinent verlassen, meistenteils als maritime und militärische Arbeitsmigranten. Nur der geringere Teil siedelte sich dauerhaft andernorts an, wobei die Amerikas das Hauptziel bildeten: In die spanischen Kolonien der ‹Neuen Welt› kamen bis 1600 ca. 240 000 Europäer, bis 1650 soll ihre Zahl auf rund 440 000 gestiegen sein, wobei Männer klar dominierten – um 1600 stellten Frauen lediglich ein Viertel der europäischen Bevölkerung in den Amerikas. Die spanische Aus- bzw. koloniale Einwanderungspolitik blieb durchgängig restriktiv und wurde strikt zentralistisch gehandhabt – die Krone begrenzte die Zuwanderungen in die amerikanischen Besitzungen und wählte die Migranten nach wirtschaftlicher Nützlichkeit und politisch-religiöser Zuverlässigkeit aus. Jede Bewegung in die Kolonien bedurfte einer staatlichen Erlaubnis. Zugelassen wurden vornehmlich Adelige, Bauern und Handwerker, selten Nicht-Spanier, die Migration sollte möglichst im Familienverband stattfinden und überschritt zwischen 1500 und 1650 eine jährliche Durchschnittsziffer von 3000 Menschen nicht. In den Teilen der Amerikas, die der portugiesischen Krone unterstanden, lag die europäische Bevölkerung Mitte des 16. Jahrhunderts bei 3000 bis 4000 und erreichte im Jahr 1600 rund 30 000, ein Zuwachs, der nicht nur aus der Zuwanderung, sondern auch aus der natürlichen Bevölkerungsentwicklung resultierte. Bis 1820 war die brasilianische Bevölkerung auf rund 3,5 Millionen angestiegen, von denen ca. zwei Millionen afrikanischer und eine Million europäischer Herkunft waren, der Rest meistenteils ‹Mischlinge›. Der Anteil der Indios an der Gesamtbevölkerung blieb marginal.

Anders als die spanischen und portugiesischen Besitzungen, die als Beherrschungs- und Ausbeutungskolonien ausgelegt waren, wurden die britischen Kolonien im Norden des amerikanischen Doppelkontinents von Beginn an als Besiedlungskolonien verstanden. Die britische Kolonialpolitik strebte nach einer Erhöhung der kolonialen Profite durch die Zulassung europäischer Einwanderer – egal woher, welcher sozialer Herkunft und religiöser Orientierung. Die Kolonisation galt den politischen Eliten im ‹Mutterland› außerdem als eine Möglichkeit, sich als ‹überflüssig› und ‹überschüssig› erachteter Menschen von den Britischen Inseln einschließlich Irlands zu entledigen. Dazu zählten nicht nur Straffällige, sondern auch Arme und Obdachlose, der Abwanderung religiöser oder politischer Nichtkonformisten wurden ebenfalls keine Hindernisse in den Weg gelegt. Bis 1700 waren wohl rund 140 000 Engländer und Waliser in den britischen Nordamerikakolonien eingetroffen, wo sie ca. 90 Prozent der gesamten europäischen Einwanderung ausmachten. Im 18. Jahrhundert sank der Anteil der Engländer und Waliser ab zugunsten von Schotten bzw. Iroschotten, also schottischen Siedlern aus der irischen Provinz Ulster (ca. 145 000 Einwanderer), Iren (etwa 100 000) und Deutschen (wohl 100 000). 1790, im Jahr der ersten Volkszählung in den nunmehr unabhängigen Vereinigten Staaten von Amerika, umfasste die Bevölkerung europäischer Herkunft 3,9 Millionen Menschen, von denen fast die Hälfte englischer Herkunft war, ca. 12 Prozent Schotten und rund 10 Prozent Deutsche. Der Anteil der Menschen afrikanischer Herkunft lag mit ca. 19 Prozent doppelt so hoch wie derjenige der Deutschen. Verantwortlich für den Anstieg der Bevölkerungszahl war neben der stetigen, wenn auch weiterhin moderaten Einwanderung vor allem das im Vergleich zu den europäischen Herkunftsländern hohe natürliche Bevölkerungswachstum aufgrund relativ günstiger Ernährungsbedingungen und des Ausbleibens von Seuchen.

Außerhalb der Amerikas unterhielten Europäer um 1800 zwar rund 500 bis 600 Handels-, Verwaltungs- und Militärstützpunkte in Afrika, Ozeanien und Asien (außerhalb Sibiriens), darunter aber gab es nur vier dauerhaft bestehende Ansiedlungen mit mehr als jeweils 2000 Europäern: das portugiesische Goa an der Westküste des indischen Subkontinents und das spanische Manila auf der philippinischen Hauptinsel Luzon sowie die niederländischen Niederlassungen Batavia (heute Jakarta) auf der indonesischen Insel Java und Kapstadt an der Südspitze Afrikas.

Hintergründe der Massenabwanderung aus Europa

Im Verlauf des 19. Jahrhunderts nahm die europäische Abwanderung in verschiedene Teile der Welt erheblich zu und dominierte die interkontinentalen Bevölkerungsbewegungen für mehr als einhundert Jahre. Den Hintergrund bildete ein weitreichendes, regional unterschiedlich ausgeprägtes und im Zeitverlauf verschiedene europäische Regionen erfassendes (und zeitgleich in anderen Regionen bereits wieder abnehmendes) »Missverhältnis von Bevölkerungswachstum und Erwerbsangebot« (Klaus J. Bade), bei dem die in immer weitere Teile Europas vordringende Agrarmodernisierung und Industrialisierung das Wachstum der europäischen Bevölkerung von rund 187 Millionen um 1800 über etwa 266 Millionen um 1850 auf ca. 468 Millionen im Jahr 1913 in vielen Regionen nicht kompensieren konnte.

Seit dem frühen 19. Jahrhundert wuchs vor dem Hintergrund tiefgreifender Reformen und angesichts des industriellen Aufstiegs in West- und Mitteleuropa der Export von Fertigwaren und Kapital in andere Weltteile rapide. Das galt gleichermaßen für den Import von Rohstoffen und Nahrungsmitteln von außerhalb des Kontinents. Großbritannien war in dieser Phase beschleunigter Globalisierung Vorreiter. Überschlägige Berechnungen gehen davon aus, dass zwischen ca. 1500 und 1820 der Außenhandel im Durchschnitt um 1 Prozent pro Jahr wuchs. Seit dem Anfang des 19. Jahrhunderts wurden mit etwa 3,5 Prozent deutlich höhere Wachstumsraten erreicht. Die europäische Nachfrage nach Rohstoffen und Nahrungsmitteln sowie der Investitionsschub durch den Kapitalexport aus Europa ließ neue Migrationsziele für Europäer dort entstehen, wo hoher Arbeitskräftebedarf herrschte. Die Zuwanderung von Europäern wiederum führte zur Etablierung von Massenmärkten für europäische Fertigwaren, die die wirtschaftlichen Interdependenzen weiter verstärkten.

Wesentliche Voraussetzung für den Anstieg der europäischen Überseemigration bildete die bereits seit Jahrzehnten oder Jahrhunderten bestehende migratorische Verflechtung zwischen Europa und überseeischen Zielen: Pioniermigranten lieferten Informationen über Möglichkeiten, Pfade und Risiken der Abwanderung nach Übersee. Erleichtert wurden Fernwanderungen zudem durch die im Zuge der Industrialisierung wesentlich verbesserte Verkehrssituation in Europa, nach Übersee und in den Zielgebieten – Raum verdichtete sich. Dadurch verminderte sich nicht nur der zeitliche Aufwand für eine Reise. Auch die Kosten sanken erheblich: 1850 war die Pferdekutsche zwischen Paris und dem schweizerischen Luzern drei Tage unterwegs, 1870 brauchte die Eisenbahn für diese Strecke nur mehr 20 Stunden und die Reise kostete ein Drittel weniger. Ein Pferdefuhrwerk absolvierte die Strecke von New York nach Pittsburgh bei günstigen Witterungsbedingungen in zwei Wochen. Die Eisenbahn verminderte 1857 den Zeitaufwand auf einen einzigen Tag. Ähnliches galt für die Seereisen, deren Gefahren ebenfalls erheblich abnahmen. Vor allem die Einführung von Dampfschiffen und des regelmäßigen Linienverkehrs auf zentralen Strecken revolutionierte den Überseeverkehr: 1867 benötigte ein Segelschiff für die Überfahrt von Europa in die Vereinigten Staaten im Durchschnitt 44 Tage, ein Dampfschiff nur noch 14.

Anstieg der europäischen Nordamerikamigration im 19. Jahrhundert

Die überseeischen Migrationsbewegungen konzentrierten sich mit weitem Abstand vor anderen Zielen auf die USA. Ein enormer Anstieg setzte schon in den 1820er Jahren ein: Rund 152 000 Europäer erreichten die USA, in den 1830er Jahren dann bereits ca. 600 000. Der Zeitraum von den 1840er bis zu den 1880er Jahren bildete dann eine Hochphase der Einwanderung mit insgesamt ca. 15 Millionen Europäern, die hauptsächlich aus dem Westen, dem Norden und der Mitte des Kontinents kamen: Über vier Millionen Deutsche, drei Millionen Iren, drei Millionen Briten und eine Million Skandinavier erreichten die USA, deren Bevölkerung in diesem halben Jahrhundert von ca. 17 Millionen auf 63 Millionen anwuchs.

In Nordamerika stellte sich trotz der starken und anwachsenden Zuwanderung und trotz des hohen Bevölkerungswachstums nicht die Diskrepanz im Wachstum von Bevölkerung und Erwerbsmöglichkeiten ein, die, wie geschildert, die europäischen Verhältnisse kennzeichnete – im Gegenteil: Der Bedarf an Arbeitskräften wuchs weiter. Hintergrund war ein agrar- und industriewirtschaftlicher Boom. 1791 hatte beispielsweise der Anteil der Vereinigten Staaten an der globalen Erzeugung von Baumwolle bei 0,5 Prozent gelegen, 1850 erreichte er nicht weniger als 68 Prozent. Zugleich dehnten sich industrielle Produktion und Dienstleistungssektor so sehr aus, dass der Anteil der landwirtschaftlich Beschäftigten an der gesamten erwerbstätigen Bevölkerung massiv absank, von 80 Prozent im Jahr 1820 bis auf 55 Prozent im Jahr 1855. Das wirtschaftliche Wachstum stand in einer engen Wechselbeziehung mit der permanenten territorialen Expansion über die dreizehn Gründungsstaaten der USA hinaus. Das Territorium der USA verfünffachte sich innerhalb nur weniger Jahrzehnte. 1820 lebten noch fast drei Viertel der Gesamtbevölkerung der USA in den Staaten der Ostküste und nur ein Viertel westlich der Appalachen. 1860 hatten interkontinentale Einwanderung und interregionale Migration in den USA dazu geführt, dass bereits die Hälfte der US-amerikanischen Bevölkerung westlich der Appalachen zu finden war. Vor allem die Bevölkerung der neuen Siedlungszonen im Mittleren Westen expandierte, ihr Anteil an der Gesamtbevölkerung des Landes verdreifachte sich auf 29 Prozent. Der äußerste Westen der USA am Pazifik war um 1860 demgegenüber noch weithin unerschlossen: Die Gebiete, die in den 1840er Jahren in den Besitz der Vereinigten Staaten gelangt waren, beherbergten 1860 gerade einmal 2 Prozent der US-amerikanischen Gesamtbevölkerung. Der Aufstieg insbesondere Kaliforniens als Ziel europäischer Einwanderung und nordamerikanischer Binnenwanderung stand zu diesem Zeitpunkt noch bevor.

Die territoriale Expansion der Vereinigten Staaten in Richtung Westen, Südwesten und Süden und die rasche Besiedlung der neu erschlossenen Gebiete durch eine aus Europa stammende Bevölkerung führten zu einer Dezimierung und Marginalisierung der indigenen Bevölkerung: ‹Indianerkriege›, Kampagnen der Zwangsassimilierung sowie groß angelegte Deportationen aus den landwirtschaftlich für wertvoll erachteten Gebieten in abgelegene ‹Reservate› nötigten sie dazu, ihre traditionellen Wirtschafts- und Lebensformen aufzugeben. Diese Westbewegung von Millionen von Menschen europäischer Herkunft in die neu erschlossenen nordamerikanischen Räume kann unter den Begriff der Grenzkolonisation gefasst werden. Diese fand in den letzten beiden Jahrzehnten des 19. Jahrhunderts ihr Ende und mündete in eine Phase expansionistischer Politik der Überseekolonisation der Vereinigten Staaten.

4. Arbeits- und Siedlungswanderungen im Zeichen rapider Globalisierung im späten 19. und frühen 20. Jahrhundert

Die koloniale Expansion der USA, Japans und vor allem europäischer Staaten erreichte in den drei bis vier Jahrzehnten vor dem Ersten Weltkrieg in der Phase des Hochimperialismus ihren Zenit. Die von den großen europäischen Imperien in den vorangegangenen Jahrzehnten zumeist bevorzugte informelle politische, wirtschaftliche und militärische Kontrolle über asiatische, pazifische, afrikanische oder lateinamerikanische Räume mündete in einer Situation zunehmender imperialistischer Konkurrenz in die fortschreitende Verdichtung formeller Kolonialherrschaft. Die Dynamik dieses Prozesses gipfelte im ‹Wettlauf um Afrika› in den 1880er Jahren als Erschließung des letzten, bis dahin kaum von kolonialer Herrschaft berührten Kontinents. Angetrieben vom hohen machtpolitischen Prestige kolonialen Besitzes traten neue europäische Rivalen (Deutschland, Belgien und Italien) und nun auch außereuropäische Konkurrenten (USA, Japan) gegen die europäischen Mächte Großbritannien, Frankreich, die Niederlande, Russland, Spanien und Portugal an, deren Kontinente übergreifende Imperien bereits seit Langem existierten.

Die Verdichtung formeller Kolonialherrschaft zeigte sich im beschleunigten Auf- und Ausbau staatlicher Strukturen in den abhängigen Gebieten. Der koloniale Verwaltungs- und Sicherheitsapparat wuchs häufig in Wechselwirkung mit Konflikten zwischen Kolonisatoren und Kolonisierten. Im Streben nach der Erschließung von Absatzmärkten für Erzeugnisse der eigenen Industrie, nach Rohstoffquellen und nach Siedlungsmöglichkeiten unternahmen die Kolonialmächte erhebliche Anstrengungen, Wirtschaft und Gesellschaft in den kolonialen Herrschaftsräumen nach ihren Vorstellungen, Bedürfnissen und Interessen auszurichten. Die Phase verstärkter kolonialer Expansion bildete zugleich eine Zeit beschleunigter internationaler ökonomischer Vernetzung, die weitreichende wirtschaftliche Transformationen hervorrief: Das Volumen des Welthandels stieg von den späten 1870er Jahren bis 1913 um mehr als das Dreifache. Agrarische und industrielle Produktion und Produktivität wuchsen rasch, neue Märkte wurden beschleunigt erschlossen, Rohstoffe, Nahrungsmittel, Halbfertig- und Fertigprodukte stark nachgefragt.

Die bereits erwähnte Verkehrs- und Kommunikationsrevolution des ‹langen› 19. Jahrhunderts führte vor allem im Übergang zum 20. Jahrhundert zu einem weiteren beachtlichen Rückgang der Transportkosten. Massengüter mit hohem Volumen konnten über zunehmend größere Distanzen transportiert werden. Den transozeanischen Verkehr mit Dampfschiffen betrieben die Reedereien immer häufiger als eng vernetzten Liniendienst, die kontinentalen Eisenbahnen verzeichneten spektakuläre Anstiege der Personen- und Tonnenkilometerzahlen bei immer kürzeren Fahrzeiten. Der Schnelldampfer brauchte für die Transatlantikpassage zu Beginn des 20. Jahrhunderts nur noch eine Woche. Immer mehr Menschen und Waren überwanden immer größere Distanzen.

Kommunikationsverbindungen wurden rasch ausgebaut (regelmäßiger Postverkehr; Telegrafie, Telefon ab 1878). Zeitungen entwickelten sich zur billigen Nachrichtenquelle für jedermann aufgrund der rasanten Zunahme von Zahl und Auflage. Damit verbesserten sich auch die Möglichkeiten der Information über Chancen der Ansiedlung oder Arbeitnahme andernorts. Der beschleunigte Ausbau von Verkehrs- und Kommunikationsverbindungen erleichterte zudem die Marktbildung im Migrationsbereich: Die global agierenden und untereinander konkurrierenden Schifffahrtsgesellschaften Europas und Nordamerikas erschlossen mit Hilfe modernster Werbemethoden und eines weit ausgebauten Systems von Agenten immer neue Abwanderungsregionen, um ihre Dampfschiffe mit Migranten zu füllen.

Die Phase beschleunigter kolonialer Erschließung der Welt und ökonomischer Globalisierung in den letzten dreißig bis vierzig Jahren vor Beginn des Ersten Weltkriegs bildete den Höhepunkt der globalen Fernwanderungen des ‹langen› 19. Jahrhunderts. Der kleinere Teil der europäischen Interkontinentalwanderer nahm Pfade über Land und siedelte sich vornehmlich in den asiatischen Gebieten des Zarenreichs an. Der überwiegende Teil aber überwand die maritimen Grenzen des Kontinents: Von den 55 bis 60 Millionen Europäern, die zwischen 1815 und 1930 nach Übersee zogen, gingen mehr als zwei Drittel nach Nordamerika, sechsmal mehr in die USA als nach Kanada. Rund ein Fünftel wanderte nach Südamerika ab, ca. 7 Prozent erreichten Australien und Neuseeland. Den Höhepunkt der europäischen Zuwanderung erlebten diese ‹Neo-Europas› im letzten Drittel des 19. und in den ersten Jahren des 20. Jahrhunderts. Ihre einheimische Bevölkerung unterlag einem Genozid, wurde dezimiert, in periphere Räume verdrängt, die überkommenen ökonomischen und sozialen Systeme, Herrschaftsgefüge und kulturellen Muster marginalisiert.

Durchschnittlich 50 000 Menschen verließen zu Anfang des 19. Jahrhunderts jährlich Europa über das Meer. Die 1840er Jahre bildeten eine Zäsur: 1846 bis 1850 gab es im Durchschnitt Jahr um Jahr bereits über 250 000 Transatlantikwanderer, davon gingen rund 80 Prozent in die USA und 16 Prozent nach Kanada. Zwischen 1851 und 1855 stieg diese Zahl auf 340 000 und damit auf das Siebenfache des Jahresdurchschnitts der ersten Jahrzehnte des 19. Jahrhunderts. Weiterhin dominierte die USA mit 77 Prozent als wichtigstes Ziel gegenüber 9 Prozent, die sich nach Kanada, und 4 Prozent, die sich nach Brasilien wandten.

Wandel der europäischen Einwanderung in die USA im späten 19. Jahrhundert

Als am stärksten industrialisierte Wirtschaftsmacht der Welt verfügten die Vereinigten Staaten über einen produktiven und exportstarken Agrarsektor, über ein weit verzweigtes Verkehrsnetz und benötigten in Zeiten günstiger Konjunktur permanent eine große Zahl neuer Arbeitskräfte. Diese kamen bis zum Ersten Weltkrieg in aller Regel aus Europa. Mit der Weltwirtschaftskrise der späten 1850er Jahre und dem Amerikanischen Bürgerkrieg 1861–1865 ging zwar die europäische Zuwanderung in die USA deutlich zurück, sie überstieg mit dem Ende des Sezessionskrieges aber sogleich wieder das Niveau der frühen 1850er Jahre, um in der Weltwirtschaftskrise der 1870er Jahre erneut abzusinken. Die Zuwanderung aus anderen Teilen der Welt blieb demgegenüber gering. Aus China kamen im gesamten Zeitraum von 1849 (dem Beginn des ‹Goldrausches› in Kalifornien) bis 1882 (dem Zuwanderungsverbot für Chinesen durch den ‹Chinese Exclusion Act›, der bis 1943 in Kraft blieb) nur rund 300 000 Menschen in die USA, die vor allem auf den Goldfeldern, später auch beim Eisenbahnbau arbeiteten.

Seit den 1880er Jahren folgten die Höhepunkte der europäischen überseeischen Migration, die in der zweiten Hälfte der 1880er Jahre durchschnittlich fast 800 000 Menschen pro Jahr umfasste, immer noch ging der Großteil in die USA. Spitzenwerte erzielte sie in den anderthalb Jahrzehnten vor dem Ausbruch des Ersten Weltkriegs, als durchschnittlich jährlich mehr als 1,3 Millionen Europäer die ‹Alte Welt› verließen. Nur noch ein Drittel der Abwanderer kam jetzt aus West-, Nord- und Mitteleuropa, wo Agrarmodernisierung und Industrialisierung immer mehr Arbeitskräfte banden und das Lohnniveau angestiegen war. Dagegen stammten zwei Drittel aus dem wirtschaftlich schwächeren Süden sowie dem Osten des Kontinents. Während die US-Einwanderungsbehörden bis 1880 beispielsweise nur 150 000 Zuwanderer aus Russland und Österreich-Ungarn insgesamt gezählt hatten, registrierten sie zwischen 1900 und 1910 nicht weniger als 2,1 Millionen Zuwanderer aus der Habsburgermonarchie sowie 1,6 Millionen aus dem Zarenreich.

Transatlantische Migration von Europäern war nie eine Einbahnstraße. Je stärker im 19. Jahrhundert die lange dominierende Familienmigration zwecks landwirtschaftlicher Ansiedlung an Gewicht verlor und die individuelle Arbeitsmigration in industrielle Beschäftigungsverhältnisse anstieg, desto höher lag die Rückwanderung. 1880–1930 kamen 4 Millionen Menschen aus den USA nach Europa zurück mit enormen Unterschieden zwischen den einzelnen Gruppen: Nur 5 Prozent der jüdischen Transatlantikmigranten, aber 89 Prozent der Bulgaren und Serben kehrten zurück. Bei den Mittel-, Nord- und Westeuropäern lag der Durchschnitt bei 22 Prozent. Vor allem die Abwanderung über das Meer aus Ost-, Ostmittel- und Südeuropa, die seit der Wende zum 20. Jahrhundert dominierte, bedeutete immer seltener definitive Auswanderung und immer häufiger Rückkehr und zirkuläre Migration. Die Hälfte der Italiener beispielsweise, die zwischen 1905 und 1915 Nord- und Südamerika erreichten, kehrte nach Italien zurück.

Gegenüber Nordamerika gewannen andere Neo-Europas an Gewicht, darunter vor allem Australien, Brasilien und Argentinien, aber auch Neuseeland, Uruguay oder Chile. Vor 1850 hatten die USA ca. vier Fünftel aller Europäer aufgenommen, in der zweiten Hälfte des 19. Jahrhunderts waren es ca. drei Viertel, seit der Jahrhundertwende noch rund die Hälfte. Der Bedeutungsgewinn der Ziele außerhalb Nordamerikas war vornehmlich ein Ergebnis der Öffnung großer neuer Siedlungszonen für europäische Landwirte und der Entdeckung von Rohstoffvorkommen, deren Erschließung viele Arbeitskräfte erforderte.

Australien

Die Zuwanderung von Europäern nach Australien hatte 1787/88 mit dem ersten Transport britischer Strafgefangener begonnen. Ein neues Deportationsziel war nötig geworden, weil mit der Unabhängigkeit der Vereinigten Staaten von Amerika kein Aufnahmeraum mehr für jene Angehörigen der britischen Unterschichten zur Verfügung stand, die mit dem Gesetz in Konflikt geraten waren. Bis zu ihrer Beendigung in den späten 1860er Jahren umfassten die Transporte rund 160 000 Gefangene (darunter sehr viele Iren), die als billige und flexible Arbeitskräfte einen zentralen Beitrag zur frühen ‹weißen› Erschließung des Kontinents leisteten. Da sie allerdings nicht alle auf Dauer in den britischen Territorien Australiens blieben, sank ihr Anteil an der australischen Bevölkerung; denn bereits an der Wende vom 18. zum 19. Jahrhundert begann die Geschichte Australiens als europäische Siedlungskolonie: Zwischen 1831 und 1840 wurden 50 000 Sträflinge nach Australien deportiert, im gleichen Zeitraum kamen 65 000 freie Einwanderer, im folgenden Jahrzehnt überstieg deren Zahl mit 105 000 die der neuangekommenen Sträflinge dann bereits um ein Vielfaches. Bis Ende der 1840er Jahre bildeten die wenig arbeitskräfteintensive Zucht von Merinoschafen und der Export von Wolle für die expandierende britische Textilindustrie den ökonomischen Leitsektor in Australien. Während dieser Zeit blieb der Umfang der europäischen Einwanderung moderat. Um 1850 lag die Zahl der Europäer in Australien bei rund 190 000. Erst die Goldfunde des Jahres 1851 in verschiedenen Teilen des Südkontinents veränderten rasch die ökonomische Struktur der Kolonie und die Dynamik der Bevölkerungsentwicklung – Australien wurde zu einer britischen Bergbaukolonie. Der ‹Goldrausch› verdoppelte die Zahl der Europäer innerhalb eines Jahres auf mehr als 400 000 und verdreifachte sie innerhalb des folgenden Jahrzehnts. Hinzu kam bereits früh eine beachtliche chinesische Zuwanderung: 1857 zählten die Goldfelder der Provinz Victoria 24 000 chinesische Arbeitskräfte, und 1861 stellten Asiaten mehr als 3 Prozent der Bevölkerung. Erst das Verbot nicht-europäischer Einwanderung 1901 – im Jahr der Gründung des Commonwealth of Australia, der Verfassunggebung und der Wahlen zum ersten Parlament – ließ ihren Anteil sinken. Von den 55 bis 60 Millionen Menschen, die Europa zwischen 1815 und 1930 verließen, wanderten rund 3,5 Millionen nach Australien ab.

Argentinien

Landwirtschaftliche Modernisierung, Erschließung wertvoller Bergbauprodukte und vermehrte Beteiligung am Welthandel verstärkten in der zweiten Hälfte des 19. Jahrhunderts auch in weiten Teilen Lateinamerikas die Zuwanderung europäischer Siedler und Arbeitskräfte. Argentinien entwickelte sich seit den 1870er Jahren zu einem der wichtigsten globalen Exporteure von Rindfleisch, Weizen, Mais, Wolle und Leder. Allein zwischen 1872 und 1895 wuchs die Getreideanbaufläche um das Fünfzehnfache, weil Grassteppe in Ackerland umgewandelt wurde. Realisiert werden konnten die Exporte durch den raschen Ausbau der Eisenbahnen, ausgerichtet auf Buenos Aires als wichtigstem (Waren-)Umschlagplatz. Kaum anders verlief die Entwicklung in Uruguay mit seiner expandierenden Viehwirtschaft; demgegenüber avancierte in Chile durch die Ausbeutung von Kupfer und Nitrat der Bergbau zum wirtschaftlichen Leitsektor. Alle drei Länder wurden zu Magneten für europäische Zuwanderer und erlebten in der zweiten Hälfte des 19. Jahrhunderts einen intensiven Prozess der Europäisierung, der den Anteil der Einwohner indianischen, afrikanischen und kreolischen Ursprungs an der Gesamtbevölkerung stark absinken ließ. Argentinien ragte dabei heraus: 1870 zählte es 1,8 Millionen Bewohner. Bis zum Ersten Weltkrieg wanderten 5,5 Millionen Europäer zu, von denen sich rund 3 Millionen dauerhaft ansiedelten. Argentinien zählte 1900 rund 4,7 Millionen und 1914 insgesamt 7,5 Millionen Einwohner. Allein die Bevölkerung von Buenos Aires, dem Wirtschaftszentrum des Landes, wuchs in diesem Zeitraum von 180 000 auf 1,5 Millionen. Italiener, Spanier und Portugiesen dominierten mit ca. drei Vierteln aller Zuwanderer. Insgesamt kamen unter den 55 bis 60 Millionen Europäern, die ihren Kontinent zwischen 1815 und 1930 verließen, rund 6,5 Millionen nach Argentinien, das damit nach den USA das weltweit wichtigste Ziel europäischer Überseemigration bildete – allerdings mit erheblichem Abstand, überstieg doch die Zuwanderung in die Vereinigten Staaten jene nach Argentinien um mehr als das Fünffache.

Wegen der hohen Nachfrage der argentinischen Landwirtschaft nach Saisonarbeitskräften wuchs parallel zum Anstieg der dauerhaften Einwanderung die auf einige Wochen und Monate im Jahr begrenzte saisonale Zuwanderung. Geprägt vor allem von jungen Männern aus Italien, ‹Golondrinas› (‹Schwalben›) genannt, entwickelte sich in den 1880er Jahren das neue System transatlantischer Saisonwanderungen: Bei sinkenden Preisen für die Transatlantikpassage und immer kürzeren Reisezeiten nutzten die ‹Golondrinas› die auf der Süd- und auf der

Nordhalbkugel der Erde jeweils entgegengesetzten Jahreszeiten: Die italienischen Arbeitswanderer verdienten ihr Geld bis in den Oktober/November hinein als Erntearbeiter in Italien, bestiegen anschließend ein Schiff nach Buenos Aires, wo sie rechtzeitig zum Beginn der landwirtschaftlichen Außenarbeiten im späten Frühjahr eintrafen. Den Sommer und den Herbst über arbeiteten sie in Südamerika und kehrten zur Feldbestellung im Februar/März nach Italien zurück. In der Hochphase zwischen 1908 und 1912 sollen jährlich 30 000 bis 35 000 ‹Golondrinas› aus Italien in Argentinien gearbeitet haben, andere Angaben gehen sogar von einem Anstieg des Umfangs dieser Gruppe von 25 000 im Jahr 1880 auf ca. 100 000 im Jahr 1914 aus. Nachweislich pendelten einige ‹Golondrinas› 17 Jahre lang zwischen Argentinien und Italien hin und her. Oft mündete die interkontinentale Arbeitswanderung in eine dauerhafte Einwanderung, sofern sich Chancen ergaben, über die saisonalen Beschäftigungen hinaus Arbeit zu finden.

Sibirien

Ganz ähnliche Hintergründe wie die Etablierung von Neo-Europas in Südamerika kennzeichneten die europäische Besiedlung Sibiriens. In diesem eurasischen Großraum vom Uralgebirge bis zum Pazifik war zwar bereits im späten 16. und frühen 17. Jahrhundert ein Netz kleiner Stützpunkte entlang der Flüsse zur militärischen Sicherung und zur Abwicklung des Handels mit Pelzen und Fellen entstanden. Sibirien blieb aber in der Folgezeit eine reine Ausbeutungskolonie. Wie auch in anderen kolonialen Räumen dieses Typs kamen nur wenige Europäer, meist Verwaltungsbeamte und Priester, Offiziere und Soldaten, Händler und Pelzjäger, die, zur Ausübung ihrer Tätigkeit entsandt, oft nur vorübergehend blieben. Mit Hilfe der Gewährung von Privilegien versuchten die zarischen Behörden, Bauern in der Umgebung der städtischen Stützpunkte anzusiedeln, um deren Versorgung zu gewährleisten. Allerdings verdichteten sich bäuerliche Ansiedlungen nur am Baikalsee sowie im Süden des westsibirischen Tieflandes, das unmittelbar an die geographische Scheide zwischen Europa und Asien anschließt. Immerhin stieg die europäische Bevölkerung zwischen 1709 und 1815 wahrscheinlich von rund 230 000 auf 1,1 Millionen an und wuchs damit über den Umfang der indigenen Bevölkerung hinaus, die sich im selben Zeitraum nur von 200 000 auf 434 000 vermehrt haben soll. Innerhalb der folgenden vier Jahrzehnte verdoppelte sich die sibirische Gesamtbevölkerung bis auf 2,9 Millionen im Jahr 1858. Die Zäsur aber bildete das spate 19. Jahrhundert: Die erste Volkszählung im Zarenreich von 1897 erfasste bereits 4,9 Millionen Europäer in Sibirien, 1911 waren es schon 8,4 Millionen. Der Umfang der indigenen Bevölkerung wuchs demgegenüber nur von 870 000 auf 973 000. Sie setzte sich aus verschiedenen Gruppen zusammen, unter ihnen viele Nomaden, die immer weiter aus den fruchtbaren Siedlungszonen verdrängt wurden.

Zentraler Antriebsfaktor für den Wandel der Migrationsverhältnisse war der Bau der über 9000 km langen Transsibirischen Eisenbahn. Er brachte nicht nur zahllose Arbeitskräfte nach Osten, sondern schlug auch eine Besiedlungsschneise quer durch Sibirien. Das Bauprojekt versprach vielfältige ökonomische Perspektiven: die land- und forstwirtschaftliche Erschließung weiter Landstriche und damit der Ausgleich des Landmangels im europäischen Teil des Reiches, aber auch den erleichterten Abtransport der wertvollen Bodenschätze. Zwischen der Grundsteinlegung in Wladiwostok im Fernen Osten 1891 und der endgültigen Fertigstellung der Gesamtstrecke 1916 verging ein Vierteljahrhundert; bereits 1903 allerdings waren die Verbindungen vom europäischen Teil des Zarenreichs bis zum Westufer des Baikalsees und von dessen Ostufer bis nach Wladiwostok fertiggestellt.

Für die späten 1890er Jahre, dem Höhepunkt der Bautätigkeit, kann von rund 100 000 Bauarbeitern ausgegangen werden, die zu mehr als zwei Dritteln nicht aus dem Großraum Sibirien stammten, sondern aus dem europäischen Teil des Zarenreiches und im Fernen Osten vor allem aus China, Japan und Korea, in Westsibirien aus Persien und dem Osmanischen Reich. Für die Spezialbauten wurden zudem Fachkräfte aus Westeuropa angeworben, darunter eine größere Zahl von Italienern, die beinahe alle Steinmetzarbeiten durchführten. Zwar zahlte die staatliche Bauverwaltung hohe Löhne, wegen der großen Distanzen und der abgeschiedenen Lage, der daraus resultierenden hohen Kosten für die Versorgung mit Gütern des täglichen Bedarfs sowie der schwierigen Lebens- und Arbeitsbedingungen blieb die Arbeitskräftesituation aber durchgängig angespannt. Auch deshalb wurden Baubataillone der Armee eingesetzt und rund 20 000 Sträflinge beim Bau der Eisenbahnstrecke beschäftigt.

Die Transsibirische Eisenbahn erfüllte die ökonomischen Erwartungen: Der Güterverkehr wuchs exponentiell. Die intensiv genutzte landwirtschaftliche Fläche vergrößerte sich in den anderthalb Jahrzehnten vor dem Ersten Weltkrieg um deutlich mehr als das Doppelte, der Viehbestand verdreifachte sich. Sibirisches Getreide wurde nach der Jahrhundertwende immer häufiger auf den westeuropäischen Märkten gehandelt, der Wert des Exports sibirischer Butter stieg von 5000 Rubel 1894 über 9 Millionen Rubel 1897 bis auf 67 Millionen Rubel 1912. Auch die Förderung von Gold, Silber und Kohle gewann an Gewicht. Zudem stieg der Personenverkehr deutlich an. Die Zahl der Fahrgäste der Transsibirischen Eisenbahn kletterte von rund 417 000 (1896) auf ca. 3 Millionen (1910). Vom Baubeginn 1891 bis zum Ausbruch des Ersten Weltkriegs 1914 siedelten sich 4 bis 5 Millionen Menschen aus dem europäischen Teil des Zarenreiches in Sibirien an. Bis auf die kurzen Phasen des Russisch-Japanischen Krieges 1904/05 und der Russischen Revolution 1905–1907 verzeichnete die Zuwanderung Jahr um Jahr einen Anstieg: von 90 000 im Jahr 1892 über 223 000 im Jahr 1899 auf 758 000 im Jahr 1908. Auch wenn es einen steten Strom von Rückwanderern in das europäische Gebiet des Reiches gab, blieb dessen Umfang deutlich unter der Zahl der Neuzuwanderer.

Das Wissen um Ansiedlungsmöglichkeiten in Sibirien verbreitete sich zwar rasch. Siedler, die ohne Inanspruchnahme staatlicher Organisationen nach Asien gingen, kamen allerdings zumeist aus den Gebieten unmittelbar westlich des Uralgebirges und verfügten bereits über (familiäre) Kontakte nach Sibirien.

Siedler aus den europäischen Kernzonen des Zarenreiches hingegen mussten sich zunächst meist auf die Unterstützung des Staates verlassen: Seit 1896 förderte dieser das ‹Kundschafterwesen›. Es ermöglichte siedlungswilligen Familien und Gruppen, eine Person vorauszuschicken, die (Migrations-)Chancen erkundete und die Ansiedlung vorbereitete – es handelte sich gewissermaßen um staatlich finanzierte Pioniermigranten. Hinzu kamen Kredite für Fahrtkosten – die für Siedler ohnehin ermäßigt waren – und günstige Konditionen für die Ansiedlung. Land wurde von staatlicher Seite parzelliert und zugewiesen, die staatliche Kultivierung von Ackerland begleitete stellenweise den Streckenbau.

Mit dem Bahnbauprojekt und der Förderung der Ansiedlung verbanden sich außerdem umfassende politische Überlegungen im Rahmen des zarischen ‹Eisenbahnimperialismus›: Sicherung der Vorherrschaft in den eroberten Gebieten, Hoffnung auf einen Prestigegewinn in der Staatenwelt und Verbesserung der Position in den Konflikten mit Großbritannien in Zentralasien sowie im Wettstreit mit anderen europäischen Mächten, Japan und den USA um die beste Startposition zur Erschließung Chinas. Zwar trug die Transsibirische Eisenbahn zur Sicherung der politisch-territorialen Position des Zarenreichs im Fernen Osten bei, die Hoffnungen auf eine weitreichende Expansion in Richtung Süden und insbesondere im umstrittenen Grenzraum Mandschurei erfüllten sich jedoch nicht. Mit der Niederlage im Russisch-Japanischen Krieg 1904/05 musste sich das Zarenreich aus den Gebieten südlich des Amur und westlich des Ussuri zurückziehen. Die rohstoffträchtigen und landwirtschaftlich ertragreichen Gebiete der Inneren Mandschurei blieben damit dem Zarenreich und Siedlern aus dem europäischen Teil Russlands verschlossen.

Mandschurei

Neben Sibirien entwickelte sich die Mandschurei, übersetzt das ‹Land des Überflusses›, zu einem zentralen Siedlungsgebiet in Asien. Der weit ausgreifende Grenzraum des chinesischen Imperiums jenseits der Chinesischen Mauer war von der aus der Mandschurei stammenden Qing-Dynastie, die seit 1644 und bis zum Ende des Kaiserreichs 1911 in China herrschte, lange für die Zuwanderung von Han-Chinesen gesperrt worden. Die Mandschurei versprach Arbeit bei der Erschließung von Bergwerken, dem Bau von Eisenbahnen, der Waldarbeit und dem Anbau von Sojabohnen. 1889 machte der Export von Sojabohnen und Sojaprodukten 81 Prozent der Gesamtausfuhr der Mandschurei aus, 1929 waren es immer noch 60 Prozent. Japan, das seit dem Ende des Russisch-Japanischen Krieges 1904/05 großen ökonomischen und politischen Einfluss auf die Mandschurei ausübte und seit 1931 über das Gebiet herrschte, war das wichtigste Einfuhrland.

Seit den 1880er Jahren nahm die Zuwanderung von Han-Chinesen vornehmlich aus den im Nordosten Chinas gelegenen Provinzen Shandong und Hebei stark zu, zumeist kamen sie im Familienverband oder gemeinsam mit Bekannten und Verwandten. Kettenwanderungen dominierten, eng geschlossene Herkunftsgemeinschaften in den Ansiedlungen der Han-Chinesen waren in der Mandschurei die Regel. Mit dem Ende des Ansiedlungsverbots und dem Ausbau des chinesischen Verkehrssystems verschwanden Migrationsbarrieren, vor allem Zuwanderer aus dem von wirtschaftlichen und politischen Krisen geschüttelten Nordostchina erschlossen sich in der Mandschurei neue wirtschaftliche und soziale Chancen. Von den frühen 1890er bis zu den späten 1930er Jahren kamen rund 25 Millionen Chinesen in die Mandschurei. Der größere Teil kehrte zwar zurück oder wanderte weiter, ca. 8 Millionen aber blieben auf Dauer. Während im ersten Jahrfünft der 1890er Jahre durchschnittlich nur 40 000 Han-Chinesen pro Jahr in die Mandschurei zogen, wurden in den späten 1920er Jahren Zuwanderungen im Umfang von jährlich einer Million Menschen registriert. Doch nicht nur Han-Chinesen wanderten zu: Für Japaner bildete die Kolonie Mandschurei ein wichtiges Zielgebiet. Im Jahr des Kriegsendes 1945 lebten hier 320 000 Japaner (sieht man von den kurzfristigen Aufenthalten von Soldaten und Beamten ab, die die japanische Präsenz auf rund 1 Million steigen ließen).

1909 hatte ihre Zahl erst bei 68 000 gelegen und war bis 1930 auf 219 000 angestiegen – Resultat auch des Strebens, die sowohl in Japan als auch bei den europäischen Kolonialmächten weit verbreitete Vorstellung umzusetzen, Kolonialerwerb biete Möglichkeiten, ‹Bevölkerungsüberschüsse› im ‹Mutterland› in die kolonialen Besitzungen abzuleiten. Auf diese Weise könnten neue Siedlungsräume in Übersee geschaffen werden, die sich dauerhaft sichern ließen und die politisch und wirtschaftlich eng an die Metropole gebunden blieben.

Die ‹Inwertsetzung› kolonialer Besitzungen

Koloniale Siedlungsphantasien blieben auch im japanischen Fall weitgehend unerfüllt und unerfüllbar: Sowohl in den Besitzungen Korea und Taiwan als auch in Karafuto (dem südlichen Teil der Insel Sachalin) und im nordostchinesischen Pachtgebiet Guandong blieb die Zahl der japanischen Siedler gering. Auf der Insel Taiwan erreichte der japanische Bevölkerungsanteil 1905 nur 2 Prozent und stieg auch bis Anfang der 1930er Jahre nur auf 5,8 Prozent an. In Korea lag der Anteil noch niedriger und überstieg 1,3 Prozent 1915 und 2,9 Prozent 1939 nicht. Hinzu kam, dass es sich nur zu einem geringen Teil um die erstrebte Ansiedlung landwirtschaftlicher Pioniere handelte, es überwogen vielmehr Mitarbeiter der Kolonialverwaltung, Kaufleute und Kleinunternehmer, die sich in der Regel in den städtischen Verdichtungszonen ansiedelten. Die Hälfte aller Japaner in Korea konzentrierte sich auf zehn größere Städte.

Eine Ausnahme im Hinblick auf die Besiedlung durch Japaner blieb das japanische Südseemandat, das zwischen 1919 und 1944 die ehemals deutschen Kolonialgebiete der mikronesischen Inselterritorien der Karolinen, der Marshallinseln und der Nördlichen Marianen umfasste. Im Rahmen einer intensiven Siedlungspropaganda und mit erheblicher finanzieller Unterstützung durch den japanischen Staat nahm in diesen Gebieten die japanische Einwanderung seit den frühen 1930er Jahren massiv zu, mit dem Ziel, die Zucker- und Fischereiindustrie, den Kaffee- und Ananasanbau auf- und auszubauen. Ende der

1930er Jahre überstieg die Zahl der Japaner jene der Mikronesier, auf der Insel Saipan gab es sogar zehnmal mehr Japaner als Einheimische. Mit dem Ende des Kolonialreiches in der Situation der Kriegsniederlage 1945 erfolgte jedoch, wie auch in den anderen abhängigen Gebieten, die rasche Repatriierung auf die japanischen Inseln. In der Mandschurei, im Norden Koreas, im südlichen Teil der Insel Sachalin sowie im Pachtgebiet Guandong, in den Gebieten also, die unter die Kontrolle der UdSSR gerieten, wurden zudem Zehntausende Japaner interniert und zum Teil in sowjetische Arbeitslager deportiert. Viele kamen dort um oder kehrten erst nach Jahren zurück.

Neben den Großräumen Sibirien und der Mandschurei boten sich auch in anderen Teilen Asiens durch die Umstellung auf die Produktion von Agrarexportgütern im Zuge der ‹Inwertsetzung› kolonialen Besitzes im ‹langen› 19. Jahrhundert ökonomische Chancen für Zuwanderer. Das galt beispielsweise seit den 1850er Jahren für die Erschließung des großen Mündungsdeltas des Irrawaddy im britischen Burma für den Reisanbau. Bis Mitte der 1930er Jahre verzehnfachte sich hier die Anbaufläche. Hunderttausende landwirtschaftliche Siedler wanderten aus dem burmesischen Norden und anderen Teilen Britisch-Indiens zu. Allein zwischen 1881 und 1901 stieg die Bevölkerung vornehmlich wegen der starken Zuwanderung von 2,6 auf 4,1 Millionen, darunter viele indische landwirtschaftliche Arbeitswanderer, die zumeist zwischen einem und vier Jahren blieben. Zwischen 1852 und 1887 sollen 2,6 Millionen Inder nach Burma zugewandert sein, von denen sich ein Viertel dauerhaft ansiedelte. Ein zumindest zum Teil vergleichbares Beispiel bietet die Erschließung des Mekong-Deltas im französischen Vietnam. Hier ging es allerdings kaum um bäuerliche Siedlungswanderungen, sondern ganz überwiegend um die Zuwanderung landwirtschaftlicher Arbeitskräfte aus dem Norden, die auf den Reisfeldern von Großgrundbesitzern arbeiteten. Neben Soja, wie in der Mandschurei, und Reis, wie in Burma und Vietnam, trat in anderen asiatischen Räumen Tee als wichtiges Exportprodukt: Vor allem die Teeplantagen in Assam und Darjeeling in Britisch-Indien zogen sehr viele, überwiegend weibliche Arbeitskräfte an. Auch die Insel Ceylon, wo in den 1880er und 1890er Jahren der Umfang der Tee-Anbaufläche rapide wuchs, benötigte wegen der sehr arbeitsintensiven Ernte Zuwanderer in großer Zahl, die vor allem aus den ganz im Süden des indischen Subkontinents gelegenen Regionen Kerala und Tamil Nadu stammten.

Viele weitere Migrationsbewegungen insbesondere von Afrikanern und Asiaten waren im späten 19. und frühen 20. Jahrhundert unmittelbare oder mittelbare Folgen der europäischen, japanischen oder US-amerikanischen politisch-territorialen Expansion: Sie waren als Flucht, Vertreibung oder Umsiedlung Resultat der Aufrichtung und Durchsetzung von Kolonialherrschaft. Sie waren als Deportation Ergebnis des in vielen Kolonialgebieten praktizierten Zwangs zum Anbau marktförmiger Produkte oder der weitreichenden Etablierung von Plantagenwirtschaften, die auf längere Sicht auf zahlreiche (Zwangs-)Arbeitskräfte angewiesen blieben. Sie waren als landwirtschaftliche Siedlungswanderungen Ergebnis der Erschließung neuer Siedlungszonen beispielsweise durch Kultivierungsmaßnahmen, durch Eroberung oder Erwerb. Oder sie waren als Arbeitswanderungen Konsequenz der Veränderung ökonomischer Strukturen, darunter insbesondere der Umstellung der Landwirtschaft auf Handelspflanzen, des Wachstums urbaner Wirtschaftsräume, des Ausbaus der Infrastruktur (Eisenbahn-, Kanal- und Hafenbau) oder der Exploration und raschen Ausbeutung von für die Industrialisierung in den ‹Mutterländern› wichtigen Rohstoffvorkommen.

Das südliche Afrika

Zu den neuen großen Bergbaukolonien, die auf die Arbeitskraft von Zuwanderern angewiesen waren, zählten vor allem Südafrika (Gold, Diamanten) und Nord-Rhodesien, das spätere Sambia (Kupfer). Der Aufstieg des Bergbaus als Leitsektor der wirtschaftlichen Entwicklung in Südafrika führte innerhalb weniger Jahre und Jahrzehnte zu grundsätzlichen Veränderungen in der Bevölkerungszusammensetzung: In den späten 1860er

Jahren wurden im Gebiet des späteren Kimberley am Orange River Diamanten gefunden, Mitte der 1880er Jahre folgten Goldfunde im Gebiet des Witwatersrand in der burischen Südafrikanischen Republik (Transvaal), die sich als das weltweit größte Goldvorkommen herausstellten. In Südafrika wurden 1898 insgesamt 27,5 Prozent des weltweit geförderten Goldes abgebaut. 1869 exportierte Südafrika Diamanten im Wert von 24 000 Pfund Sterling, kaum ein Jahrzehnt später lag der Export bereits bei 2,2 Millionen Pfund Sterling.

Innerhalb kürzester Zeit entwickelte sich ein hoher Bedarf an Arbeitskräften für den Bergbau selbst, aber auch für den Bau und die Unterhaltung von Verkehrswegen oder die Versorgung der zahlreichen Bergleute mit Gütern des täglichen Bedarfs. Der Gold- und Diamantenbergbau wurde damit zum führenden Sektor der südafrikanischen Wirtschaft und verdrängte innerhalb kurzer Zeit landwirtschaftliche Produkte von ihrem Spitzenplatz auf der Liste der Exportwaren. Außerdem verhinderte er den Ausbruch einer sich abzeichnenden gesamtwirtschaftlichen Krise wegen der Eröffnung des Suez-Kanals 1869, der die Zahl der Schiffe, die Südafrika auf dem Weg in den Indischen Ozean erreichten, massiv sinken ließ. Wie schon während des ‹Goldrausches› in Kalifornien 1848/49, in Colorado seit den späten 1850er Jahren und im Australien der 1850er Jahre, kamen in kurzer Frist Goldsucher aus Europa, Nordamerika und Australien. Hinzu traten Arbeitskräfte aus allen Teilen des südlichen Afrika, die in die bis dahin kaum besiedelten südafrikanischen Gebiete strebten. Das 1886 als Zelt- und Hüttendorf für Goldgräber gegründete Johannesburg am Witwatersrand entwickelte sich innerhalb nur eines Jahrzehnts zur Großstadt, bereits 1899 lebten im Großraum über 1 Million afrikanische Arbeitskräfte.

Die Arbeit in den Bergwerken verteilte sich entsprechend einer rassistischen Ordnung: Wenige europäische Ingenieure und Fachleute trafen auf eine große Zahl afrikanischer Arbeitskräfte, die jene – schlechtbezahlten – Tätigkeiten übernahmen, die mit hoher körperlicher Beanspruchung und Risiken für die Gesundheit verbunden waren. Unter den Beschäftigten im Goldbergbau gab es zwischen den 1910er und den 1950er Jahren im Durchschnitt ca. 20 000 bis 40 000 Arbeitskräfte europäischer und rund 200 000 bis 300 000 afrikanischer Herkunft. Ein Großteil der Afrikaner kam nicht aus den britischen Besitzungen bzw. der Südafrikanischen Republik, sondern aus der Exklave Basutoland/Lesotho, dem südostafrikanischen Njassaland/Malawi und vor allem aus der portugiesischen Kolonie Mosambik. Kurz vor der Wende vom 19. zum 20. Jahrhundert stammten rund 60 Prozent aller afrikanischen Arbeitskräfte in den Goldminen aus Mosambik, 1906 waren es sogar ca. 65 Prozent.

Die Montanunternehmer erschlossen immer neue Arbeitskräftepotentiale im südlichen Afrika, um das Arbeitskräfteangebot hoch und die Löhne niedrig zu halten. Hinzu kamen innenpolitische Erwägungen, die auf Konflikte zwischen Land- sowie Minenbesitzern und damit zwischen burischen und britischen Interessen reagierten: Eine Beschäftigung einheimischer Afrikaner in den Minen hätte die Versorgung der Farmen mit Arbeitskräften gefährdet und deren Lohnkosten in die Höhe getrieben. Den mosambikanischen Arbeitsmarkt sicherten Abkommen mit dem ‹Mutterland› Portugal zugunsten der südafrikanischen Rohstoffkonzerne. Aus ihrer Sicht bildete eine verstärkte Beschäftigung von Arbeitskräften europäischer Herkunft keine Alternative – sie galt als lohntreibend. Afrikanische Bergarbeiter wanderten meist allein zu, in Phasen des Beschäftigungsmangels kehrten sie zurück in ihre Heimatregionen, ihre Familien blieben im Herkunftsraum und versorgten weiter die landwirtschaftlichen Subsistenzbetriebe. Europäische Arbeitskräfte hingegen kamen meist im Familienverband und mussten folglich einen höheren Verdienst erzielen. Anders als die Europäer unterlagen die Afrikaner zudem scharfen rechtlichen Diskriminierungen und besaßen kein Wahlrecht, sodass es weitreichende Möglichkeiten gab, sie zu disziplinieren. Aus Sicht der Unternehmer bewährte sich dieses Beschäftigungssystem: Bis in die 1970er Jahre kamen die afrikanischen Bergleute in Südafrika meist aus dem benachbarten Ausland und den Reservaten, den späteren ‹homelands›.

Je weiter zu Beginn des 20. Jahrhunderts die Arbeitskräftepotentiale in den nördlich angrenzenden Gebieten ausgeschöpft waren, desto lauter wurden die unternehmerischen Stimmen nach der Anwerbung neuer Arbeitskräfte. Zwischen 1904 und 1907 wurden rund 64 000 Arbeitskräfte in den ostchinesischen Provinzen Shandong, Hebei und Henan für die südafrikanischen Bergwerke auf der Basis von Dreijahresverträgen angeworben. Wegen der miserablen Arbeits- und Lebensbedingungen und eines Lohnniveaus, das noch unter dem der afrikanischen Arbeitskräfte lag, wuchsen allerdings in der politischen und publizistischen Debatte die Vorbehalte gegenüber ihrer Rekrutierung. Die Anwerbung blieb Episode: Bis auf wenige Ausnahmen wurden die chinesischen Arbeiter mit dem Auslaufen ihrer Verträge wieder nach China zurücktransportiert; in der Zwischenzeit war es den Minen gelungen, neue afrikanische Arbeitskräfte zu rekrutieren, ohne die Löhne erhöhen zu müssen.

Nicht als Episode erwies sich demgegenüber die früher einsetzende und deutlich umfangreichere Anwerbung von Arbeitskräften vom indischen Subkontinent. Ihre Zuwanderung begann in der Kolonie bzw. späteren südafrikanischen Provinz Natal bereits 1860. Bis 1866 stieg ihre Zahl auf rund 6300 an. Den Hintergrund für die Anwerbung bildete die verstärkte Nachfrage nach Arbeitskräften auf den seit den 1850er Jahren wachsenden großen Plantagen. Das subtropische Klima Natals schien für die Produktion exportfähiger Pflanzen ideal zu sein: Zuckerrohr, die für die Lederverarbeitung und für medizinische Zwecke begehrte Gerber-Akazie, später auch Teesträucher und Bananenstauden. Allerdings standen kaum afrikanische Arbeitskräfte zur Verfügung, weil sie in Natal über ausreichend Land für die eigene Subsistenz verfügten. Und Sklaverei war, wie überall im britischen Weltreich, seit den 1830er Jahren am Kap verboten. Indische Arbeitskräfte wurden für jeweils fünf Jahre angeworben, konnten aber die Vertragslaufzeit verlängern. Die Löhne waren konkurrenzlos niedrig.

Nachdem in den späten 1860er und frühen 1870er Jahren zunächst wegen einer Rezession weitere Anwerbungen ausgesetzt worden waren, wuchs nach 1874 die Zahl der Inder rapide an. Bis 1911 verpflichteten sich über 152 000 Inder (überwiegend Männer) zur Arbeit in Natal, rund die Hälfte kehrte nach Indien zurück, 1904 lebten in Natal knapp über 100 000 Inder. Jetzt ging es nicht mehr in erster Linie um die Arbeitskräfteversorgung der wachsenden Plantagenwirtschaft, die inzwischen auch auf zahlreiche Afrikaner zurückgreifen konnte. Vielmehr hatten sich Wanderungstraditionen etabliert, denen seit 1875 auch solche indischen Zuwanderer folgten, die nicht als angeworbene Landarbeitskräfte über den Indischen Ozean kamen, sondern als Kleinkaufleute, als Eisenbahnarbeiter oder als Bergleute in den Kohlerevieren des nördlichen Natal.

Natal blieb das Hauptziel indischer Zuwanderer, weit vor Transvaal und der Kapkolonie. 82 Prozent aller in Südafrika ansässigen Inder lebten 1904 in Natal, 1960 waren es 83 Prozent. Der burische Oranje-Freistaat verbot demgegenüber 1890 die indische Zuwanderung. Dieses Verbot blieb auch über das Ende der Unabhängigkeit im Burenkrieg und die Eingliederung als Provinz in die Südafrikanische Union 1910 hinaus erhalten und galt bis 1972. Die starke Zuwanderung aus Indien stieß nicht nur im Oranje-Freistaat auf Vorbehalte. Briten und Buren, die sich ohnehin in einer Minderheitensituation gegenüber den Afrikanern befanden, sahen ihre soziale und politische Position gefährdet – immerhin lag zu Beginn des 20. Jahrhunderts der Anteil von Menschen europäischer Herkunft in Natal bei 8,8 Prozent, während der Bevölkerungsteil indischer Herkunft 9,1 Prozent ausmachte. Kritik gab es auch wegen der geringen Entlohnung indischer Arbeitskräfte, die dazu beitrug, dass das Lohnniveau in Südafrika niedrig blieb. Die indischen Händler galten zudem den etablierten Kaufleuten vornehmlich britischer Herkunft als gewinnminimierende Konkurrenten.

Politische Reaktionen blieben nicht aus: Seit 1895 mussten alle Inder, die nicht in einem landwirtschaftlichen Vertragsverhältnis standen, eine hohe Steuer entrichten. Zwar konnte sich lange das unternehmerische Interesse an billigen indischen Arbeitskräften durchsetzen, 1911 aber kam es schließlich zum Verbot neuer Anwerbungen. Damit endeten allerdings die vielfältigen Konflikte in einer rassistisch hierarchisierten Gesellschaft nicht, in der eine Minderheit europäischer Herkunft eine gleichberechtigte gesellschaftliche, wirtschaftliche und politische Teilhabe afrikanischer und asiatischer Gruppen zu verhindern strebte. Ihren Höhepunkt erreichten die Spannungen 1913 mit einem Streik der Inder in der Folge einer langen Reihe von Protesten, die nicht zuletzt auch Ergebnis der Bemühungen des indischen Anwalts Mohandas Karamchand (Mahatma) Gandhi waren, die Inder im südlichen Afrika zu organisieren, um rechtliche und gesellschaftliche Diskriminierungen zu beseitigen. Ergebnis des Streiks war unter anderem die Abschaffung der Sondersteuer für Inder außerhalb der Landwirtschaft.

Der Erfolg des Streiks war begrenzt, im System der Rassenpolitik bzw. seit dem Zweiten Weltkrieg der Apartheid blieb den Indern als ‹Mischlinge› politische Partizipation ebenso weithin verwehrt wie eine freie wirtschaftliche Entfaltung. Bis in die 1960er Jahre akzeptierte die südafrikanische Politik nicht, dass die indische Präsenz dauerhaft sein würde. Das migrationspolitische Kernziel blieb die Repatriierung, der sich allerdings nicht nur die Betroffenen verweigerten, sondern die auch auf Widerstand der britisch-indischen und später der indischen Regierung stieß. Auffällig bleibt bis in die Gegenwart der hohe Anteil der indischen Einwanderer im Handel. 1936 schon waren rund 27 Prozent aller erwerbstätigen Inder in Südafrika gegenüber rund 16 Prozent der Erwerbstätigen europäischer und 0,2 Prozent afrikanischer Herkunft in diesem Wirtschaftszweig tätig, in den sie strebten, um den niedrigen Löhnen auf den Plantagen oder im Bergbau zu entgehen. Diverse Beschäftigungsbereiche blieben ihnen aufgrund der Rassenpolitik versperrt (öffentlicher Sektor, industrielle Produktion, qualifizierte Beschäftigung im Bergbau), sodass nur die Selbstständigkeit eine echte Alternative bot. Kaufleute indischer Herkunft in Südafrika waren Teil der international agierenden, zumeist familiengebundenen Handelsnetzwerke von Indern, die vom Herkunftsland über Mauritius und Ostafrika bis nach Großbritannien reichten, wo nach dem Zweiten Weltkrieg die Bevölkerung südasiatischer Herkunft stark anwuchs. Den familienwirtschaftlich (mithin kostengünstig) operierenden Kleinunternehmen gelang es, über Generationen bestimmte Innenstadtlagen und Handelsprodukte zu monopolisieren, wie sich vor allem in Durban am Indischen Ozean beobachten lässt, der zweitgrößten Stadt Südafrikas.

‹Coolies›

Die Beschäftigung indischer landwirtschaftlicher Arbeitskräfte seit den 1860er Jahren in Natal bildet ein Beispiel für die Etablierung eines globalen Systems von Arbeitsmigrationen auf der Basis restriktiver Verträge im 19. und frühen 20. Jahrhundert. Im Zuge des Verbots der Sklaverei in den britischen Besitzungen begab sich vor allem die Großlandwirtschaft auf die Suche nach neuen Arbeitskräftepotentialen. Seit 1834 wurden indische Kontraktarbeiter auf den Zuckerrohrplantagen der Insel Mauritius im Indischen Ozean beschäftigt, dann folgten, wie erwähnt, 1860 die Plantagenwirtschaften in Natal, aber auch in der Karibik (Jamaika, Trinidad, Guyana). Großgrundbesitzer in französischen Kolonien warben seit diesem Zeitpunkt ebenfalls indische Arbeitskräfte an: Martinique und Guadeloupe im karibischen Raum sowie die Insel Réunion im Indischen Ozean waren die Zentren. Mauritius erreichten von den 1840er Jahren bis 1917 insgesamt 450 000 indische Arbeitskräfte, Réunion zwischen 1829 und 1924 ca. 118 000, Guadeloupe zwischen 1854 und 1885 rund 43 000, Martinique mehr als 25 000.

Dem Beginn der Anwerbung in Mauritius, das dann Vorbild für andere Kolonien wurde, ging eine jahrzehntelange Experimentierphase britischer Autoritäten und lokaler Grundbesitzer voraus. Ein Element bildete dabei die Deportation und Zwangsarbeit indischer Sträflinge. Ihre Beschäftigung mündete in die Übernahme des Systems der ‹Indentured Labourers›, auf dessen Basis bis in das frühe 19. Jahrhundert auch viele Europäer in die Siedlungskolonien der beiden Amerikas gelangten. Angeworben wurde zumeist für drei bis fünf Jahre für einen Betrieb bzw. einen Arbeitgeber, der die Passage finanzierte. An ihn blieben die Arbeitskräfte für die Dauer der Vertragslaufzeit gebunden, eine Vertragsverlängerung war möglich. 1871 erfolgte eine gesetzliche Regelung der Anwerbung. Seither mussten sich die

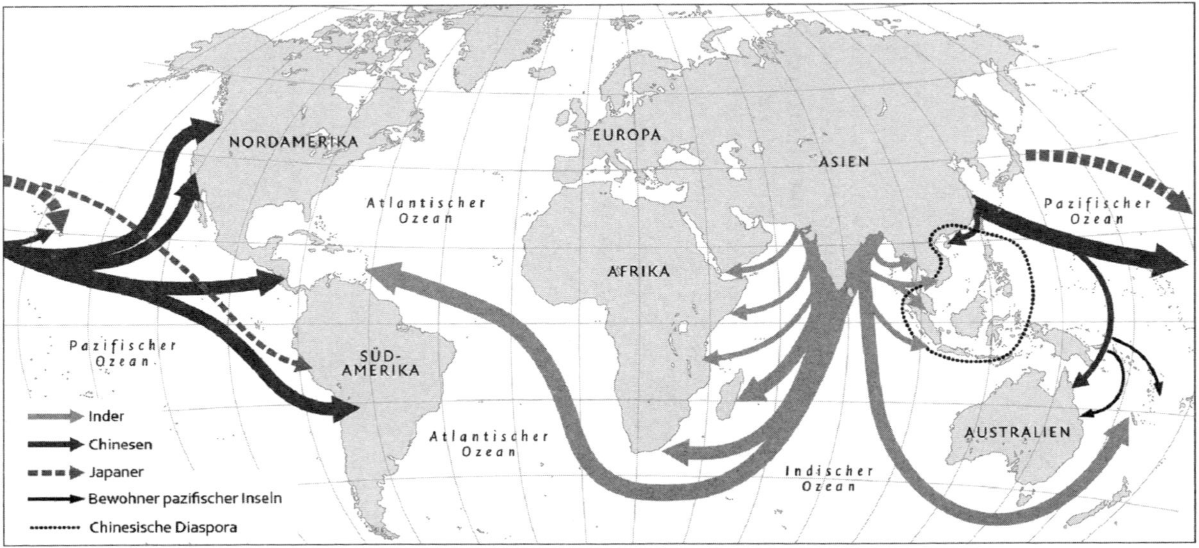

Karte 2: Asiatische Überseemigration von den 1830er Jahren bis zum Ersten Weltkrieg

Agenten als Vermittler der Kontrakte registrieren lassen, Aufsicht über die Anwerbe- und Transportbedingungen führten staatliche Kontrollbehörden in den Häfen von Kalkutta, Bombay und Madras. Gesundheitsprüfungen bei Abfahrt und Ankunft waren nunmehr obligatorisch.

Die Rechte der Vertragsarbeitskräfte blieben dennoch gering, die Möglichkeiten der Arbeitgeber, die Vertragsbedingungen durchzusetzen, hingegen sehr hoch, zumal sie mit der Unterstützung der Kolonialverwaltungen rechnen konnten. Niedrige Löhne, hohe Schulden, weil die Arbeitgeber die Passagekosten vorstreckten, harte Arbeit und primitive Unterkünfte, die oft vorher Sklavenbehausungen gewesen waren, kennzeichneten die sozialen Verhältnisse. Die Abhängigkeit der Kontraktarbeiter war derart groß, dass sie sich der Gewalt der Arbeitgeber kaum entziehen konnten und Übergriffe häufig vorkamen. Frauen traf das extrem hart: Ihre Löhne lagen besonders niedrig, ihre zunehmende Beschäftigung auf den Plantagen trug dazu bei, das Lohnniveau auch der männlichen Arbeitskräfte stabil zu halten oder sogar zu senken. Zahlreiche Berichte verdeutlichen, dass sexuelle Gewalt an der Tagesordnung war, alleinstehende Frauen ohnehin als Prostituierte galten und sie sich nicht selten zur Prostitution genötigt sahen, weil ihre Löhne so niedrig lagen, dass sie ein Überleben nicht ermöglichten. Anfänglich war die Zuwanderung von Frauen auf die Plantagen zwar unerwünscht gewesen, rasch aber ergaben sich für die Besitzer Vorteile – nicht nur, weil die Löhne gesenkt werden konnten, sondern auch, weil die Zuwanderung von Familien oder die Heirat der Arbeitswanderer die soziale Situation stabilisierten und Fluktuation verringerten.

Wegen der vielen Missstände und der harschen Kritik indischer Politiker an den Auswüchsen des Systems wurde diese Form der Kontraktarbeit 1917 im britischen Weltreich verboten. Trotz der Dimensionen darf nicht übersehen werden, dass die indische Migration außerhalb des Kontraktsystems wesentlich umfänglicher war: Unter den 28 Millionen Indern beiderlei Geschlechts, die zwischen 1846 und 1932 das Gebiet der späteren Republik Indien verließen, bildeten die Vertragsarbeitskräfte mit rund 10 Prozent eine Minderheit. Wichtigste Ziele der indischen Migration bildeten Burma (Myanmar) mit 15 Millionen Zuwanderern, die Insel Ceylon (Sri Lanka) mit 8 Millionen und Malaysia mit 4 Millionen. Die höchsten Abwanderungsraten verzeichnete das letzte Jahrzehnt des 19. Jahrhunderts. 80 Prozent der Migranten kehrten jedoch später wieder zurück.

Kontraktarbeitskräfte, im 19. und frühen 20. Jahrhundert gemeinhin ‹Coolies› (Kulis) genannt, kamen in großer Zahl auch aus China, ihre Zahl blieb allerdings hinter jener der Inder zurück. Wohl rund 750 000 Chinesen gingen als Kontraktarbeitskräfte in andere Weltteile, rund ein Drittel von ihnen arbeitete in der Karibik und auf dem lateinamerikanischen Festland, ein weiteres Drittel kam zwischen den 1880er Jahren und dem Ersten Weltkrieg auf die Insel Sumatra in Niederländisch-Indien. Hinzu traten weitere Ziele im Pazifischen und Indischen Ozean sowie im bereits erwähnten Südafrika. Wie im Falle der indischen Migration war die Zahl der Chinesen, die sich außerhalb des restriktiven Kontraktsystems bewegten, wiederum viel höher. Von den 11 Millionen Migranten, die China im ‹langen› 19. Jahrhundert verließen, ging mehr als ein Drittel nach Thailand, ein weiteres Drittel nach Niederländisch-Indien (vor allem nach Borneo), ein Viertel in das französische Indochina und an die 1 Million auf die Philippinen. Rund eine halbe Million erreichte Australien, Neuseeland sowie diverse Inseln im Pazifik und im Indischen Ozean. Zumeist stammten sie aus der südchinesischen Provinz Guangdong (Kanton) und dem benachbarten Fujian, die beide sehr hohe Migrationsraten aufwiesen.

Migration der Kolonialherren

Koloniale Expansion umfasste nicht nur Massenwanderungen von Angehörigen der Unterschichten in die formell oder informell abhängige Peripherie. Ohne die Zuwanderung von Verwaltungsbeamten und Offizieren, Ingenieuren und Geschäftsleuten, Missionaren und Lehrern aus den imperialen Metropolen hätte sich Kolonialherrschaft weder etablieren noch aufrechterhalten oder ausbauen lassen. In aller Regel blieb die Zahl der Europäer, US-Amerikaner oder Japaner in den Kolonien klein. In den französischen Teilen Westafrikas kam auf 27 000 Einheimische ein Europäer, im britischen Nigeria war die europäische Präsenz sogar noch um die Hälfte geringer. In Britisch-Indien gab es in der Zwischenkriegszeit unter den 340 Millionen Einwohnern nur rund 12 000 Briten. Der elitäre Indian Civil Service, der alle höheren Verwaltungspositionen in Britisch-Indien umfasste, rekrutierte seine Mitglieder in der Regel aus den Reihen der Absolventen der renommierten Public Schools und der Universitäten Cambridge und Oxford. Er umfasste nur rund 1000 Beamte. Hinsichtlich der sozialen Positionierung der Kolonisatoren lassen sich gewisse Überschneidungen zu den oben skizzierten Nomaden ausmachen: Sie wechselten zwar den geographischen, nicht aber den sozialen Raum, weil ein Kennzeichen kolonialer Herrschaftsverhältnisse die scharfe Abgrenzung zu der Bevölkerungsmehrheit der Kolonialisierten bildete. Nach einer Integration strebten die Kolonialherren nicht.

Europa als Ziel der Zuwanderung aus den Kolonialgebieten

Funktionsfähig war koloniale Herrschaft nur aufgrund eines großen Apparates einheimischer Verwaltungsbeamter des unteren und mittleren Dienstes sowie der vielen vor Ort angeworbenen Polizisten und Soldaten. Mit der zunehmenden Verdichtung kolonialer Herrschaft wuchs dieses Heer von Kollaborateuren sogar noch an. Erst in der Zwischenkriegszeit gelangten immer mehr einheimische Verwaltungsbeamte und Offiziere an die Spitze der kolonialen Verwaltungen. Selbst der durch scharfe Zugangsbarrieren gekennzeichnete und über viele Jahrzehnte sozial eng geschlossene Indian Civil Service öffnete sich nach dem Ersten Weltkrieg: 1939 umfasste die Verwaltungselite des Subkontinents schließlich 599 Briten und 589 Inder. Voraussetzung dafür war, dass zunehmend mehr Angehörige der kolonisierten Kollektive eine Ausbildung in den imperialen Metropolen absolvierten. Der Erwerb akademischer Qualifikationen bildete einen zentralen Kanal für die Zuwanderung von Pioniermigranten aus den kolonialen Räumen nach Europa. Daraus entwickelten sich spezifische Muster globaler Bildungsmigration, die zum Teil bis heute fortwirken.

Die französischen und vor allem die Pariser Universitäten waren beispielsweise seit dem späten 19. Jahrhundert Ziel junger Menschen aus dem französischen subsaharischen Afrika. Noch in der Zwischenkriegszeit blieb ihre Zahl klein mit durchschnittlich 100. Sie wuchs nach dem Zweiten Weltkrieg mit der Implementierung eines staatlichen Stipendienwesens rasch an: 1949/50 gab es 2000 Studierende aus den subsaharischen Kolonien in Frankreich, drei Jahre später hatte sich ihre Zahl verdoppelt und war mit ca. 8000 am Ende des Jahrzehnts erneut auf das Doppelte angestiegen. Rund ein Zehntel aller Schülerinnen und Schüler höherer Schulen aus diesen Regionen soll in den 1950er Jahren ihren Bildungsweg in Frankreich weiterverfolgt haben. In Fortsetzung dieser Tradition zählten die französischen Universitäten im akademischen Jahr 2000/2001 schließlich ca. 30 000 Studierende allein aus dem subsaharischen Afrika, die rund ein Fünftel aller ausländischen Studierenden stellten. Stipendien für Absolventen (und in geringerer Zahl Absolventinnen) höherer Schulen in den (ehemaligen) Kolonien, die einen Bildungsaufenthalt im ‹Mutterland› ermöglichten, verstand nicht nur Frankreich als eine Gelegenheit, künftige Führungskader an die Kolonialmacht zu binden bzw. mit ihrer Hilfe nach der Unabhängigkeit weiterhin Einfluss auf Politik, Wirtschaft, Gesellschaft und Kultur der neuen Staaten zu nehmen. Belgien beispielsweise gewährte ebenfalls Stipendien und bot kongolesischen Studierenden Unterkunft in der eigens für sie eingerichteten ‹Maison africaine› in Brüssel. Zwanzig Jahre nach der Unabhängigkeit Belgisch-Kongos im Jahr 1960 lag die Zahl der kongolesischen Studierenden in Belgien bei 2200.

Europa als Hauptakteur kolonialer Expansion und als Hauptexporteur von Menschen nach Amerika, Afrika, Asien und in den Raum des südlichen Pazifik war lange nur selten Ziel interkontinentaler Zuwanderungen. In Großbritannien, dem Zentrum des weltweit größten Imperiums, stieg zwar bereits im Zuge der Expansion des 17. bis 19. Jahrhunderts die Zahl der

Menschen afrikanischer oder asiatischer Herkunft an. Sie blieb aber relativ klein. Für 1770 sind beispielsweise 10 000 Menschen in Großbritannien ermittelt worden, die aus dem subsaharischen Raum stammten, London beherbergte die Hälfte von ihnen. Andernorts in Europa lebten wesentlich weniger außereuropäische Zuwanderer. Dies änderte sich langsam in den zwei Jahrzehnten vor dem Ersten Weltkrieg, als der Umfang der Bevölkerung außereuropäischer Herkunft stärker anwuchs. Neben dem erwähnten Erwerb akademischer Qualifikationen bildete die Schifffahrt einen weiteren frühen Pfad der Zuwanderung, denn die im Zuge der Globalisierung rasch wachsenden europäischen Handelsmarinen rekrutierten seit Ende des 19. Jahrhunderts zunehmend häufiger asiatische und afrikanische Männer für die körperlich anstrengenden und gesundheitlich belastenden Tätigkeiten unter Deck. Sie erreichten die europäischen Hafenstädte, wo vor und nach dem Ersten Weltkrieg erste kleine Siedlungskerne von Afrikanern und Asiaten entstanden.

Aus Westafrika stammende Seeleute aus der Gruppe der Kru wurden beispielsweise seit dem späten 19. Jahrhundert Teil der Bevölkerung Liverpools, Londons oder Cardiffs und blieben bis in die 1970er Jahre mit der Schifffahrt verbunden. In Britisch-Indien warb die Handelsmarine seit den 1880er Jahren Heizer an, einige Hundert arbeiteten bald in den britischen Häfen oder verdienten ihr Geld in den Niedriglohnbereichen der Textilindustrie. Chinesische Seeleute kamen nach London, Hamburg oder Rotterdam, arbeiteten dort weiter im Transportgewerbe oder gründeten die ersten chinesischen Lokale und Restaurants. Eine weitere Gruppe von Asiaten, Afrikanern oder Westindern, aus der Pioniermigranten in Europa hervorgingen, bildeten die von den Kolonialmächten rekrutierten Soldaten auf den europäischen Kriegsschauplätzen des Ersten und des Zweiten Weltkriegs, von denen einige Tausend nach dem Ende der Kampfhandlungen in Europa verblieben (s. unten). Die eigentliche Massenzuwanderung auf den europäischen Kontinent begann aber erst nach dem Ende des Zweiten Weltkriegs, gefördert vor allem vom Prozess der Dekolonisation.

Migratorische Folgen der Dekolonisation im 20. Jahrhundert

Nach dem Ersten Weltkrieg gewannen antikoloniale Befreiungsbewegungen an Gewicht. Die Kolonialmächte hatten im ‹totalen Krieg› 1914–1918 weitreichend wirtschaftliche und personelle Kapazitäten ihrer Imperien für die Kriegführung in Europa sowie für den Einsatz auf Nebenkriegsschauplätzen im Nahen Osten und in Südwest- und Ostafrika mobilisiert. Das führte in den Kolonien zu einer verstärkten Ausrichtung von Wirtschaft und Gesellschaft auf die europäischen Interessen. Dagegen regte sich bald Widerstand, denn viele Kolonisierte hatten gehofft, der asiatische oder afrikanische Beitrag zum Krieg werde die Kolonialmächte dazu bewegen, ihnen mehr Autonomie zu gewähren. Im Zweiten Weltkrieg waren dann zwar einige abhängige Gebiete erneut als Rekrutierungsraum für Soldaten und Arbeitskräfte sowie als Finanziers der Kriegführung von großer Bedeutung. Mit den Niederlagen Frankreichs, Belgiens und der Niederlande in Europa aber, der extremen militärischen und ökonomischen Belastung Großbritanniens und der Eroberung weiter Kolonialgebiete im pazifischen Raum durch Japan läutete der zweite globale Konflikt des 20. Jahrhunderts das Ende des langen Zeitalters des Kolonialismus ein.

Die politisch-ideologischen Vorstellungen der Unabhängigkeitsbewegungen in den Kolonien, die Strategien zur Befreiung und zur Durchsetzung einer postkolonialen Ordnung waren auch ein Ergebnis intensiver Rezeption westlicher Ideen. Viele der antikolonialen Vorkämpfer verdankten zentrale Erfahrungen ihrer politischen Biographie dem Aufenthalt in Europa oder den USA, hier konnten sie Netzwerke zu antikolonialen Akteuren in der gesamten Welt knüpfen und (gemeinsam) Instrumente entwickeln, die sich für die Auseinandersetzung mit den Kolonialmächten nutzen ließen. Beispiele für solche zumeist als Bildungs- oder Ausbildungswanderungen konzipierten lebensgeschichtlichen Abschnitte lassen sich nicht nur bei Gandhi als Zentralfigur der indischen Nationalbewegung finden, der 1888–1891 in London Rechtswissenschaften studierte und durch seine bereits erwähnte mehr als zwei Jahrzehnte umfassende

Berufstätigkeit in den britischen Kolonien Südafrikas geprägt wurde. Auch die politische Sozialisation Ho Chi Minhs, dem Symbol der vietnamesischen Unabhängigkeit, in Frankreich 1917–1923 und anschließend in Moskau, das Studium des späteren ghanaischen Präsidenten Kwame Nkrumahs in den USA in den späten 1930er und frühen 1940er Jahren oder die Ausbildung und Berufstätigkeit des senegalesischen Politikers und Schriftstellers Léopold Sédar Senghor in Frankreich von den späten 1920er bis in die 1950er Jahre gehören in diesen Kontext. Die Migration der Protagonisten der Unabhängigkeitsbewegungen in den Westen beförderte die Dekolonisation.

Die Kolonialherrschaft lief zwar in vielen Gebieten Asiens, Afrikas und des pazifischen Raumes zwischen den späten 1940er und den frühen 1970er Jahren relativ friedlich aus. In einigen Fällen aber mündete das Streben nach Unabhängigkeit in einen langen und blutigen Konflikt mit den Kolonialmächten. Vor allem das Ende der globalen Imperien der Niederlande (in den späten 1940er Jahren), Frankreichs (in den 1950er und frühen 1960er Jahren) sowie Portugals (Anfang der 1970er Jahre) brachte umfangreiche Fluchtbewegungen und Vertreibungen mit sich. Während der Kämpfe selbst flüchteten zahlreiche Bewohner der Kolonien in nicht betroffene Gebiete oder wurden evakuiert und kehrten meist nach dem Ende der Konflikte wieder in ihre Heimatorte zurück. Europäische Siedler allerdings sowie koloniale Eliten oder Kolonisierte, die als Verwaltungsbeamte, Soldaten oder Polizisten die koloniale Herrschaft mitgetragen hatten oder den Einheimischen als Symbole extremer Ungleichheit in der kolonialen Gesellschaft galten, mussten nicht selten auf Dauer die ehemaligen Kolonien verlassen. Es kann davon ausgegangen werden, dass zwischen dem Ende des Zweiten Weltkriegs und 1980 insgesamt 5 bis 7 Millionen Europäer im Kontext der Dekolonisation aus den (ehemaligen) Kolonialgebieten auf den europäischen Kontinent zurückkehrten, darunter viele, die weder in Europa geboren waren noch je in Europa gelebt hatten. Daraus ergab sich ein Paradoxon der Geschichte der europäischen Expansion: Wegen der migratorischen Folgen der Auflösung des Kolonialbesitzes waren die europäischen

Kolonialreiche in den europäischen Metropolen nie präsenter gewesen als mit und nach der Dekolonisation.

Aus Niederländisch-Ostindien bzw. dem seit 1949 unabhängigen Indonesien zogen zwischen 1945, dem Beginn des Befreiungskrieges, und den späten 1960er Jahren insgesamt ca. 330 000 Menschen in die Niederlande. Dazu zählten nicht nur die wenigen Angehörigen der niederländischen Verwaltungselite sowie Tausende europäischer Spezialisten, die die Kolonialherrschaft aufrechterhalten hatten, sondern auch niederländische bzw. niederländisch-indonesische Kaufleute und Unternehmer, von denen viele im indonesischen Archipel geboren und zum Teil seit Generationen dort ansässig gewesen waren. Zu denen, die die niederländische Herrschaft mitgetragen hatten und die sich nach dem raschen Ende der Kolonie bedroht sahen, gehörten auch rund 12 500 Molukker, ehemalige Soldaten der ‹Königlich Niederländisch-Indischen Armee› und ihre Angehörigen, deren Aufnahme und Integration in den Niederlanden breite Diskussionen hervorriefen.

Wesentlich größere Dimensionen nahmen solche migratorischen Folgen der Dekolonisation in Frankreich an. Nach dem Ende der Kolonialherrschaft in Indochina und dem Beginn des Unabhängigkeitskrieges in Algerien 1954 nahm Frankreich innerhalb eines Jahrzehnts 1,8 Millionen im Zuge der Dekolonisationskonflikte entwurzelte Menschen auf. Mit rund einer Million stammte der größte Teil dieser Migranten aus Algerien, von wo allein 1962, dem Jahr der Beendigung des Algerienkrieges und der Unabhängigkeit, rund 800 000 Menschen zuwanderten. In diesem Jahr herrschte im Süden Frankreichs angesichts der Aufnahme von ‹Repatriierten› der Ausnahmezustand. Vor allem zwei Gruppen stachen hervor: Die ‹Pieds-Noirs›, Europäer, die sich seit 1848 in den drei Départements entlang der algerischen Mittelmeerküste angesiedelt hatten, sowie die muslimischen ‹Harkis›, die sich den abziehenden Franzosen verbunden fühlten oder der algerischen Unabhängigkeitsbewegung als Kollaborateure galten. 1968 zählten zu den nun offiziell ‹repatriierte muslimische Franzosen› genannten Gruppen an die 140 000 Menschen, von denen 88 000 in Algerien geboren waren. Anerkannten ‹Repatriierten› gewährte der französische Staat umfangreiche Hilfen zur Eingliederung in den Arbeits- und Wohnungsmarkt.

Dabei lassen sich allerdings große Unterschiede zwischen den ‹Pieds-Noirs› und den ‹Harkis› ausmachen: Obwohl die ehemaligen Algerierinnen und Algerier europäischer Herkunft lange als unbeirrbare Kolonialisten galten, denen nachgesagt wurde, sie hätten die Konflikte in Nordafrika massiv verschärft, akzeptierte die französische Gesellschaft sie bedingungslos als gleichberechtigte und vollwertige Staatsbürger, die weitreichende Entschädigungen beanspruchen konnten und in der Situation der Hochkonjunktur nach dem Zweiten Weltkrieg eine Ergänzung des expandierenden Arbeitsmarkts darstellten. Die Formierung starker Interessenorganisationen, die erfolgreich Einfluss auf Regierung und Administration nehmen konnten, bildete dabei ein zentrales Element der Eingliederung der ‹Pieds-Noirs› in die französische Gesellschaft. Darauf konnten die ‹Harkis› nicht zurückgreifen: Die Übersiedlung muslimischer Helfer der Kolonialmacht in Algerien hatten die französischen Behörden verboten, die Aufnahme jener, die sich dennoch auf den Weg nach Frankreich machten, wurde stark reglementiert. Der auf die Zuwanderung ausgesprochen schlecht vorbereitete französische Staat errichtete in aller Eile große Sammellager in den Départements Aveyron, Puy-de-Dôme, Pyrénées-Orientales, Lot-et-Garonne, Gard und Vienne im Süden. Manche der insgesamt 55 000 dort aufgenommenen ‹Harkis› blieben für mehrere Jahre, zum Teil sogar auf Dauer in den nur für den temporären Aufenthalt konzipierten Barackenlagern. Diejenigen, die die Lager verließen, erhielten häufig Wohnungen in Dörfern oder städtischen Quartieren, die ausschließlich den ‹Harkis› vorbehalten waren.

Die isolierte Lage der Lager und Wohnquartiere machte es ihren Bewohnern schwer, neue Netzwerke im Einwanderungsland aufzubauen. Vorstellungen der französischen Administration traten hinzu, viele der ‹Harkis› seien ohne intensive Betreuung nicht in der Lage, sich in der französischen Gesellschaft zurechtzufinden. Die Erwartung der ‹Harkis›, als Opfer der Dekolonisation aufgrund ihres Einsatzes als französische Patrioten anerkannt und entschädigt zu werden, blieb lange unerfüllt. Schwere, zum Teil gewalttätige Konflikte zwischen den ‹Harkis› und französischen Ordnungshütern vor allem Mitte der 1970er und Anfang der 1990er Jahre waren ein Ausdruck von Enttäuschung und Verbitterung. Bis in die Gegenwart ist die Akzeptanz der muslimischen Zuwanderer gering: Manchen gelten sie als Mittäter in den schweren Konflikten der Dekolonisation in Nordafrika, anderen wiederum als ein Teil der weithin segregierten Bevölkerung algerischer Herkunft in den französischen Vorstädten.

Noch umfänglicher war – im Verhältnis zur Bevölkerungszahl des ‹Mutterlandes› – die Zuwanderung im Prozess der Dekolonisation nach Portugal: Beginnend im Herbst 1973 kamen innerhalb nur eines Jahres fast eine halbe Million ‹Retornados› aus den ehemaligen portugiesischen Besitzungen in Afrika (Mosambik, Angola, Kap Verde, Guinea-Bissau, São Tomé und Príncipe). Angola dominierte als Herkunftsland. Mitte der 1970er Jahre stellten die ‹Retornados› fast 6 Prozent der portugiesischen Bevölkerung. Kontrovers diskutiert wird, ob die Integration der ‹Retornados› weniger konflikthaft verlief als jene der ‹Rückwanderer› in Frankreich, den Niederlanden oder auch in Italien, wo in den 1950er Jahren eine postkoloniale Rückwanderung von rund 600 000 Menschen zu erheblichen politischen und sozialen Spannungen führte. Festgehalten werden kann, dass sich ein Großteil der Portugiesen, die mit dem Zusammenbruch des Kolonialreiches zurückkehrten, erst nach dem Zweiten Weltkrieg in den afrikanischen Besitzungen angesiedelt hatte. Zwei Drittel aller erwachsenen ‹Retornados› waren in Portugal geboren worden, sie pflegten meist enge Verbindungen in ihr Herkunftsland. Überwiegend waren sie männlich, überdurchschnittlich gut qualifiziert und im erwerbsfähigen Alter. Die Re-Integration in den portugiesischen Arbeitsmarkt gelang deshalb relativ reibungslos. Spannungen blieben dennoch nicht aus, da die ‹Retornados› weithin als soziale, wirtschaftliche und politische Belastung galten, als Eindringlinge, die für Erwerbslosigkeit, Wohnungsnot und eine Überforderung der Sozialsysteme verantwortlich gemacht wurden. Viele ‹Retornados› beklagen bis in die Gegenwart, weiterhin nicht als Teil der portugiesischen Gesellschaft akzeptiert zu sein.

Das Schicksal, in die postkolonialen Konflikte verwickelt zu werden, konnte auch zugewanderte Minderheiten treffen, die mit den (ehemaligen) Kolonialmächten in Verbindung gebracht wurden oder als Symbol der Kolonialherrschaft galten. Menschen indischer Herkunft verließen vor dem Hintergrund diskriminierender Gesetze und Gewalttaten seit den 1960er Jahren Ostafrika (vor allem Kenia, Tansania) und siedelten sich zumeist in Großbritannien an, zuletzt ca. die Hälfte der rund 60 000 Inder, die der ugandische Diktator Idi Amin in der Hoffnung auf eine populistische Stabilisierung seiner Herrschaft zwischen 1969 und 1972 ausgewiesen hatte. Ihre Vorfahren waren zumeist aus Gujarat (Hindus) und dem Punjab (Sikhs und Muslime) nach Ostafrika gegangen, um seit den letzten Jahren des 19. Jahrhunderts die beinahe 1000 Kilometer lange Uganda-Bahn vom ugandischen Kampala bis zum kenianischen Mombasa am Indischen Ozean zu bauen. Über 37 000 indische Eisenbahnarbeiter wurden eingesetzt, von denen nach dem Abschluss der Bauarbeiten 80 Prozent auf den indischen Subkontinent zurückkehrten. Neben die indischen Eisenbahnarbeiter, die die Strecke durch zum Teil ausgesprochen schwieriges Gelände unter katastrophalen Lebens- und Arbeitsbedingungen vorantrieben, traten die bereits erwähnten Kaufleute vom indischen Subkontinent, denen es seit Ende des 19. Jahrhunderts gelang, ihre Handelsnetze über große Teile Ostafrikas auszudehnen. Sie waren zum Teil bereits in der vorkolonialen Zeit nach Ostafrika (erste Gruppen im 13. Jahrhundert) gelangt und hatten dort zusammen mit arabischen Kaufleuten die wirtschaftliche Elite gebildet. In Uganda kontrollierten Hindus vor dem Zweiten Weltkrieg 90 Prozent des Handels.

Zu den mittelbaren und unmittelbaren Folgen der Dekolonisation zählten zudem Staatsbildungs- bzw. Teilungskriege mit und nach dem Abzug der Kolonialmächte. Beginn und Höhepunkt bildete der rasche Rückzug Großbritanniens vom indischen Subkontinent 1947. Die Unabhängigkeit kam in einer

Situation, in der die Gestaltung der politischen Zukunft noch weitgehend ungeklärt war. Der größere Teil Britisch-Indiens ging in der Republik Indien auf. Die Regionen des Subkontinents, in denen überwiegend Muslime lebten, wurden Teil des neuen Staates Pakistans, (mit Westpakistan, dem Gebiet des heutigen Pakistans, sowie Ostpakistan, das ehemalige Ostbengalen, dem heutigen Staat Bangladesh). Diverse umstrittene Regionen wurden dabei in einer der letzten Amtshandlungen der britischen Kolonialmacht nach dem Kriterium des Anteils religiöser Mehrheiten entweder Pakistan oder Indien zugeschlagen. Die nationalistisch aufgeheizte, von zahllosen Gewalttaten gekennzeichnete Atmosphäre mündete 1947/48 in eine riesige Welle von Flucht und Vertreibung, die 14 bis 16 Millionen Menschen betraf, wobei der Umfang der Fluchtbewegungen aus Indien nach West- und Ostpakistan demjenigen aus West- und Ostpakistan nach Indien mehr oder minder entsprach.

Delhi, das vor den Teilungen 950 000 Einwohner umfasste, verließen 1947/48 rund 330 000 Muslime, ca. 600 000 Flüchtlinge erreichten im selben Zeitraum die Stadt, sodass nach dem Abschluss der Teilung Britisch-Indiens etwa die Hälfte der Bevölkerung Flüchtlinge waren. Muslime hatten 1941 rund 40 Prozent der Einwohnerschaft Delhis gestellt, 1951 waren es nur noch knapp 6 Prozent, der Anteil der Hindus stieg im gleichen Zeitraum von 53 auf 82 Prozent. Ende 1947 lebten ca. 3 Millionen Flüchtlinge in Südasien in rasch eingerichteten Lagern, davon allein 1 Million im pakistanischen West-Punjab. Bis zu einer Million Opfer soll der Teilungsprozess gekostet haben. Weltweit gab es weder bis dahin noch danach jemals derart große Flucht- und Vertreibungsbewegungen innerhalb einer so kurzen Zeitspanne von nur wenigen Wochen, die sich vor allem auf August und September 1947 konzentrierten. Diese riesigen Zwangsmigrationen im Umfeld der Teilung Britisch-Indiens bieten zugleich das zentrale Beispiel dafür, dass Flucht und Vertreibung sich keineswegs auf kriegerische Konflikte beschränken.

5. Flucht, Vertreibung, Deportation: Migration und weltweite Kriege im 20. Jahrhundert

Der Erste und der Zweite Weltkrieg sowie der folgende globale ‹Kalte Krieg› bedeuteten tiefe Einschnitte in die weltpolitische Ordnung und die weltwirtschaftlichen Verhältnisse. Europa verlor in kurzer Zeit die über Jahrhunderte errungene Position als globales politisches Zentrum, die Kolonialreiche waren aus politischen und finanziellen Gründen nicht mehr zu halten. Den ‹Kalten Krieg› erlebte das ‹Alte Europa› kaum mehr als eigenständig operierender weltpolitischer Akteur. Die weltweiten kriegerischen bzw. kriegsähnlichen Konflikte des 20. Jahrhunderts und deren politische Folgen führten zu einer enormen Zunahme der Zwangswanderungen in Gestalt von Deportation und Zwangsarbeit in den Kriegswirtschaften, Evakuierung und Flucht aus den Kampfzonen ebenso wie Massenausweisung und Vertreibung nach Kriegsende.

Der Erste Weltkrieg als Motor des Zwangswanderungsgeschehens

Der Erste Weltkrieg führte als ‹totaler Krieg› zu einem rapiden Anwachsen der militärischen Kapazitäten der Gegner. Ein Kennzeichen der daraus resultierenden neuen Konfliktdynamik war, dass die militärischen Operationen zum Teil innerhalb weniger Tage und Wochen Millionen von Zivilisten in den Kampfzonen entwurzelten; denn die Operationsgebiete der Armeen weiteten sich im Vergleich zu den vorangegangenen Konflikten erheblich aus und umfassten zeitgleich große Teile des europäischen Kontinents. Allein in den ersten drei Monaten nach dem deutschen Angriff flohen beispielsweise 1,4 Millionen Belgier, also ein Fünftel der 1914 knapp 7 Millionen Menschen umfassenden Gesamtbevölkerung des Landes, in die Niederlande, nach Frankreich oder Großbritannien. Weitere Hunderttausende verließen fluchtartig die Kampfzonen in Nord- und Nordostfrankreich, deren Bevölkerung noch ein Jahr nach Kriegsende mit rund 2 Millionen erst wieder rund 40 Prozent des Vorkriegsstandes erreichte.

Größer noch als im europäischen Westen nahmen sich die Fluchtbewegungen auf den Kriegsschauplätzen im Osten Europas aus. Sie begannen in Ostpreußen, das russische Truppen in den ersten Augustwochen 1914 zu weiten Teilen eroberten. Eine halbe Million Flüchtlinge strömten in Richtung Westen. Die Offensive der zarischen Truppen führte auch im österreichisch-ungarischen Galizien zu Flüchtlingselend und panikartigen Evakuierungen, von denen etwa 800 000 Menschen betroffen waren. Der kurz darauf einsetzende Vormarsch deutscher und österreichisch-ungarischer Armeen in Richtung Osten entwurzelte dann wiederum Millionen Menschen in den Grenz- und Kampfgebieten des russischen Westens. Die zarischen Behörden zählten im Dezember 1915 insgesamt 2,7 Millionen, im Mai 1916 dann mehr als 3,1 Millionen Flüchtlinge und Evakuierte auf dem nicht besetzten russischen Territorium, andere Schätzungen sprechen sogar von 5 Millionen. Bis Juli 1917 soll sich ihre Zahl auf mindestens 7 Millionen erhöht haben.

Die Kriegssituation erleichterte bzw. ermöglichte eine staatliche Politik der Zwangsmigration gegenüber missliebigen Minderheiten. Erst der beschleunigte Ausbau der Interventions- und Ordnungskapazitäten der Staaten im Krieg bot die administrativen Instrumente, um Massenausweisungen oder Massenvertreibungen durchzuführen. Darüber hinaus förderte der Erste Weltkrieg die Verbreitung extremer Nationalismen – Fremdenfeindlichkeit wurde lanciert und die Tendenz zur Ausgrenzung von Minderheiten verstärkt. Im Zarenreich war die jüdische Bevölkerung im Kriegsgebiet besonders betroffen. Sie hatte Pogrome der russischen Truppen und der von den Behörden unterstützten Zivilbevölkerung zu erdulden, weil sie als Feind im Innern galt: Sie wurde kollektiv der Unterstützung der deutschen und österreichisch-ungarischen Truppen verdächtigt. Auch andere Gruppen standen im Ruf, eine ‹fünfte Kolonne› hinter der eigenen Frontlinie zu bilden, und wurden verantwortlich gemacht für die russischen Niederlagen: Die zarischen Behörden transportierten Hunderttausende Letten und Russlanddeutsche in den Osten des Reiches. Gewalttätige Ausschreitungen und Zwangsmaßnahmen verschlechterten zudem die Situation dieser Minderheitengruppen. Vergleichbare Muster einer in der Kriegssituation verschärften Diskriminierungs- und Deportationspolitik gegenüber als missliebig bzw. gefährlich eingestuften Minderheiten lassen sich in Österreich-Ungarn gegenüber Serben, Ukrainern und Italienern beobachten.

Ein Instrument zum staatlichen Umgang mit ‹feindlichen Ausländern› bildete die Internierung. Nicht weniger als 400 000 von ihnen wurden in den kriegführenden europäischen Staaten 1914–1918 als ‹Zivilgefangene› in Lagern festgehalten, Zehntausende darüber hinaus unter Zwang repatriiert. Frankreich und Großbritannien begannen bereits im August 1914 mit einer Politik der Internierung und Abschiebung, die auch Menschen betraf, die die britische bzw. französische Staatsangehörigkeit besaßen, aber aus gegnerischen Staaten zugewandert waren. Deutschland, Österreich-Ungarn und Russland folgten seit Anfang 1915 diesem Beispiel.

Im Ersten Weltkrieg kam es zudem zur Internationalisierung der Arbeitsmärkte und Heere, die häufig mit Deportation und Zwangsrekrutierung verbunden war: Frankreich und Großbritannien griffen dabei vor allem auf ihre Kolonialbesitzungen und informellen Imperien zurück. 1914–1918 mobilisierten die europäischen Kolonialmächte mindestens eine Million afrikanische Soldaten, die nicht nur in den Kämpfen in Afrika eingesetzt wurden, sondern auch in großer Zahl nach Europa kamen. Bis Kriegsende rekrutierte Frankreich mehr als 600 000 Soldaten in den Kolonien: Der weitaus größte Teil kam aus Nord- (ca. 300 000) und Westafrika (170 000). Großbritannien mobilisierte dagegen vor allem in Indien; insgesamt verstärkten etwa 1,2 Millionen indische Soldaten weltweit die britischen Truppen, in erster Linie auf den Kriegsschauplätzen in Ostafrika und im Nahen Osten, aber auch in Europa.

Der massive Arbeitskräftemangel in den Kriegswirtschaften schien außerdem zur verstärkten Rekrutierung über die nationalen Arbeitsmärkte hinaus zu nötigen. In den Kolonien, in den besetzten Gebieten und gegenüber den Kriegsgefangenen bildeten sich Muster der Zwangsrekrutierung und Zwangsarbeit heraus. Das galt für die über 200 000 Arbeitskräfte aus Afrika und Asien, die Frankreich beschäftigte. Auch die 100 000 Chinesen, die die britischen Militärbehörden für Tätigkeiten hinter den Frontlinien in Nordfrankreich seit 1916 vor allem in der ostchinesischen Provinz Shandong anwarben, lebten in Lagern, unterlagen scharfer militärischer Überwachung und hatten keinen Einfluss auf die Gestaltung ihrer Arbeits- und Lebensbedingungen.

Die Beschäftigung kolonialer Arbeitskräfte kam für Deutschland während des Kriegs wegen der fehlenden Verkehrsverbindungen und der frühen Eroberung des größten Teils des deutschen Kolonialreiches durch alliierte Truppen nicht in Frage. Daher wurde vor allem auf Arbeiter in und aus den Besatzungsgebieten zurückgegriffen: Arbeitskräfte wurden unter Zwang in den besetzten Gebieten selbst eingesetzt (Belgien, Nordfrankreich, Polen, Baltikum), an der Rückkehr in die Herkunftsländer nach Kriegsbeginn gehindert (landwirtschaftliche Arbeitskräfte aus Russisch-Polen) oder während des Krieges nach Deutschland deportiert (rund 60 000 belgische Arbeitskräfte Ende 1916/Anfang 1917). Die kriegführenden Staaten setzten zudem die meisten der 7–8 Millionen Kriegsgefangenen in den Kriegswirtschaften oder in frontnahen Etappengebieten ein. Sie bildeten damit ein zentrales Potential zur Verminderung des durch die Mobilisierung von rund 60 Millionen europäischen Soldaten hervorgerufenen Arbeitskräftemangels. Kriegsgefangene arbeiteten sowohl in der Landwirtschaft als auch in der Rüstungsindustrie und im Bergbau, waren in Klein- wie auch in Großbetrieben zu finden und über Hunderttausende von Arbeitsstellen in ganz Europa und in Sibirien verteilt.

Zwangsmigrationen in der Zwischenkriegszeit

Das Ende des Ersten Weltkriegs leitete eine Phase millionenfacher Rückwanderungen von Flüchtlingen, Vertriebenen, Evakuierten, Zwangsarbeitskräften und Kriegsgefangenen ein. Zugleich gewannen Zwangswanderungen erheblich an Gewicht, die Ergebnis der auf den Krieg folgenden Staatenbildungsprozesse waren. Jede der vielen europäischen Grenzverschiebungen führte zu Fluchtbewegungen und Umsiedlungen. In allen Fällen lassen sich bestimmte Grundmuster ausmachen: Zuerst verließen Verwaltungs- und Polizeibeamte, Lehrer und andere Personen, die unmittelbar mit dem vormals herrschenden Staat verbunden gewesen waren, die abgetretenen Gebiete. Dann gingen häufig Industrielle, Gewerbetreibende und Kaufleute, die ihre Unternehmen durch neue Zollgrenzen, Währungen oder Gesetze bedroht sahen. Verfolgten die neuen Regierungen zudem eine restriktive Minderheitenpolitik, konnte sich die Abwanderung schnell zu einer Massenbewegung entwickeln. Allein Deutschland, Österreich und Ungarn waren unmittelbar nach dem Krieg gezwungen, 2 Millionen Menschen aus den verlorengegangenen Territorien aufzunehmen. Deutschland erreichten mehr als eine Million Menschen aus den aufgrund des Versailler Vertrages abzutretenden Gebieten. Von der Bevölkerung, die Ende der 1920er Jahre in Österreich lebte, waren mehr als 10 Prozent, insgesamt 764 000 Menschen, außerhalb der neuen Grenzen auf einem der Territorien der anderen Nachfolgestaaten des Habsburger-Reiches geboren worden; davon stammten allein 440 000 aus Böhmen und Mähren, dem neuen Kerngebiet der 1918 geschaffenen Tschechoslowakei. Ähnliches galt für Ungarn, das 200 000 Menschen beherbergte, die aus der Tschechoslowakei zugewandert waren; weitere 200 000 stammten aus Rumänien und 100 000 aus Jugoslawien.

Nationalitätenpolitisch motivierte ‹Entmischungen› solcher Art wurden auch in anderen Gebieten Südosteuropas praktiziert: Der Frieden von Lausanne 1923, der den griechisch-türkischen Krieg 1920–1922 beendete, schrieb die migratorischen Ergebnisse der Konflikte in Südosteuropa und in Kleinasien seit den Balkankriegen 1912/13 fest und legitimierte sie. Ausgemacht wurde, dass alle Griechen türkisches Territorium – mit Ausnahme Istanbuls – zu verlassen hatten; zugleich mussten alle Muslime griechisches Territorium räumen. Im Endergebnis wurden etwa 1,35 Millionen Griechen und ca. 430 000 Türken umgesiedelt. Nach den Umsiedlungen war ein Sechstel aller Bewohner Griechenlands außerhalb des Staatgebiets geboren. Griechische Provinzen, wie etwa Kavala, Drama oder Nestos, bis dahin beinahe vollständig muslimisch besiedelt, waren nunmehr fast rein griechisch. Der Anteil der Griechen an der Bevölkerung stieg dadurch z. B. in Makedonien von 43 Prozent im Jahre 1912 auf 89 Prozent 1928. In der Zwischenkriegszeit setzte sich die oft unter Zwang vollzogene ‹Rückwanderung› der Muslime auch aus anderen Balkanländern in die Türkei fort. Betroffen davon waren bis zum Ende der 1920er Jahre rund eine Million Menschen in Griechenland, Jugoslawien, Rumänien und Bulgarien. Sie wurden nicht selten in jenen Gebieten der Türkei angesiedelt, die die Griechen hatten verlassen müssen. Die Gesamtzahl der von Umsiedlungen, Deportationen, Fluchtbewegungen und Vertreibungen in der Folge des Krieges betroffenen Menschen lag in Europa Mitte der 1920er Jahre wahrscheinlich bei mindestens 9,5 Millionen.

Im Kontext der ost-, ostmittel- und südosteuropäischen Staatsbildungen kam es vor dem Hintergrund tiefgreifender wirtschaftlicher, sozialer und politischer Krisen auch zu schweren Übergriffen auf die jüdische Bevölkerung. Die Zahl der Pogrome ist auf nicht weniger als 2000 beziffert worden. Zehntausende, möglicherweise auch Hunderttausende Juden wurden ermordet, wahrscheinlich eine halbe Million verloren allein in Russland und der Ukraine ihre Heimat. Viele suchten den Weg über die weithin verschlossenen Grenzen nach Westen und über den Atlantik, der Völkerbund schätzte ihre Zahl 1921 auf 200 000, andere Quellen sprechen sogar von 300 000. Neben die Pogrome trat als weiterer zentraler Antriebsfaktor für die starke Abwanderung die Verschlechterung der wirtschaftlichen Position von Juden in Ost- und Ostmitteleuropa durch den Ersten Weltkrieg. Verschärfend wirkte hier nach Kriegsende auch die Etablierung neuer Zollgrenzen sowie neuer, zumeist stark inflationsgeschwächter Währungen und neuer rechtlicher Rahmenbedingungen der Wirtschaft.

Die umfangreichste Gruppe unter den Zwangsmigranten aus Osteuropa bildeten allerdings Flüchtlinge vor Revolution und

Bürgerkrieg: Während im Revolutionsjahr 1917 erst wenige Menschen Russland verlassen hatten, darunter viele hohe Adelige und Unternehmer, die oft große Teile ihres Besitzes retten konnten, entwickelte sich die Fluchtbewegung im Zuge des Bürgerkriegs zur Massenerscheinung. 1920 und 1921 nahm die Zahl der Flüchtlinge mit den Niederlagen der weißen Truppen sehr stark zu. Hinzu kamen zahlreiche Ausweisungen aus der UdSSR, die 1922 ihren Höhepunkt erreichten. Mit Blick auf die Sozialstruktur der Ausgangsbevölkerung umfasste die russländische Fluchtbewegung überdurchschnittlich viele Angehörige mittlerer und höherer sozialer Schichten. Die im Zarenreich dominierende bäuerliche Bevölkerung war unter den Flüchtlingen und Ausgewiesenen demgegenüber weit unterdurchschnittlich vertreten. Ein bis zwei Millionen Menschen sollen zwischen 1917 und 1922 wegen des Umsturzes der politischen Verhältnisse die Gebiete des ehemaligen Zarenreiches verlassen haben. Sie wurden buchstäblich über die ganze Welt verstreut, der größte Teil aber sammelte sich zunächst in den Balkanländern, in Deutschland und Frankreich; doch große Flüchtlingskolonien gab es selbst in den chinesischen Städten Harbin und Shanghai.

Restriktive Aufnahmepolitik, Wohnungsnot und die schwierige Lage auf dem Arbeitsmarkt trieben die russländischen Flüchtlinge in zahlreichen Ländern zu Weiterwanderungen. Bildete zunächst das ‹Russische Berlin› ihr Zentrum mit wichtigen kulturellen und politischen Funktionen, übernahm mit der Abwanderung vieler Flüchtlinge aus Deutschland Mitte der 1920er Jahre das ‹Russische Paris› diese Rolle und behielt sie bis zum Einmarsch der deutschen Truppen 1940. Frankreich hatte einen großen Bedarf an ausländischen Arbeitskräften und war deshalb bereit, ein höheres Maß an Rechts- und Statussicherheit zu gewähren als Deutschland. Das Zentrum des russländischen Exils aber verschob sich dennoch weiter über den Atlantik. Nordamerika wurde immer häufiger Ziel der stufenweisen räumlichen Distanzierung von der Heimat. Der Zweite Weltkrieg verlagerte endgültig das Zentrum in die USA mit einem politischen und kulturellen Schwergewicht auf New York.

Ähnliche Prozesse lassen sich beobachten bei der Flucht aus

dem nationalsozialistischen Deutschland nach 1933. Sie betraf politische Gegner des Regimes, vor allem aber all jene, die aufgrund der rassistischen Weltanschauung des Nationalsozialismus zu geächteten Fremden erklärt wurden. Das galt in erster Linie für Juden. Die Fluchtbewegung aus dem nationalsozialistischen Deutschland verlief schubweise. Die erste Welle konnte 1933 mit der Machtübernahme Hitlers und den ersten Maßnahmen zur Bekämpfung innenpolitischer Gegner sowie den ersten antisemitischen Gesetzen registriert werden. Die rassistischen ‹Nürnberger Gesetze› von 1935 ließen die nächste Fluchtwelle folgen. Der letzte große Schub setzte mit der offenen Gewalt gegen Juden in den Novemberpogromen 1938 ein und endete mit dem Beginn des Zweiten Weltkriegs, der die Möglichkeiten des Grenzübertritts stark beschnitt, bevor er mit dem Abwanderungsverbot 1941 im Massenmord an den deutschen und europäischen Juden endete.

Die genaue Zahl der Flüchtlinge aus Deutschland ist unbekannt. Die weitaus größte Gruppe stellten Juden, von denen wohl etwa 280 000 bis 330 000 das Reich verließen; nimmt man die Flucht von Juden aus Österreich nach dem ‹Anschluss› an das Deutsche Reich 1938 (150 000) und aus der Tschechoslowakei nach dem Münchner Abkommen im gleichen Jahr hinzu (33 000), beläuft sich allein die jüdische Fluchtbewegung aus dem deutsch beherrschten Mitteleuropa insgesamt auf vielleicht 500 000. Aufnahme gewährten weltweit mehr als 80 Staaten. Ziele waren zunächst die europäischen Nachbarländer Deutschlands in der Hoffnung auf den baldigen Zusammenbruch der Diktatur. Die Hälfte der jüdischen Flüchtlinge aber wanderte weiter, zunehmend in die USA. Die Zahl der Flüchtlinge wurde 1941 hier auf insgesamt 100 000 geschätzt, Argentinien folgte mit 55 000 vor Großbritannien mit 40 000. Während des Zweiten Weltkriegs verschob sich das Gewicht noch weiter zugunsten der USA, die letztlich etwa die Hälfte aller Flüchtlinge aufnahmen.

Im Vergleich zu der großen Zahl jüdischer Flüchtlinge aus Mitteleuropa blieb jene der Mitglieder des politischen Exils aus Deutschland sowie Österreich und den deutschsprachigen Gebieten der Tschechoslowakei nach 1938 weitaus geringer. Sie belief sich bis 1939 auf etwa 25 000 bis 30 000 Menschen, überwiegend Sozialdemokraten und Kommunisten. Aufschlussreich ist hier ein Vergleich mit dem faschistischen Italien. Weil das Mussolini-Regime trotz deutschen Drucks bis zum Zweiten Weltkrieg keine antisemitischen Maßnahmen durchsetzte, blieb die Abwanderung hier beinahe ausschließlich auf politische Flüchtlinge beschränkt. Zwischen der Machtübernahme Mussolinis im Oktober 1922 und 1937 verließen wahrscheinlich 60 000 Menschen das Land aus politischen Gründen, 10 000 davon lebten allein in Frankreich. Für das deutsche und das italienische Exil galt gleichermaßen: Um die politische Arbeit vom Ausland aus weiterzutreiben, blieben die meisten geflüchteten Regimegegner in Europa, vor allem in Frankreich, Spanien, Großbritannien und der Sowjetunion.

Die letzte große grenzüberschreitende Fluchtbewegung der Zwischenkriegszeit prägte Europa im Jahr 1939. Die zahllosen Flüchtlinge des Spanischen Bürgerkriegs hatten sich lange meist innerhalb des Landes bewegt, vor allem Madrid und Barcelona verzeichneten umfangreiche Flüchtlingsbevölkerungen. Im August 1938 wurden 2 Millionen Flüchtlinge im republikanischen Restspanien gezählt, am Ende des Jahres dann 3 Millionen. Nach dem Zusammenbruch der spanischen Republik flohen 1939 wahrscheinlich über eine halbe Million Republikaner über die Grenze nach Frankreich, darunter zur Hälfte Zivilisten. Die französischen Behörden waren darauf nicht vorbereitet. Die in kürzester Zeit errichteten zahlreichen Lager boten deshalb sehr schlechte Lebensverhältnisse, wie etwa die beiden direkt am Mittelmeerstrand gelegenen riesigen Lager von Saint Cyprien und Argelès mit einer Flüchtlingsbevölkerung von 100 000 bzw. 80 000, bis im März/April 1939 im Landesinnern neue Lager aufgebaut werden konnten. Bis Ende 1939 konnten über 300 000 der Flüchtlinge Frankreich vor allem mit Unterstützung von Hilfsorganisationen wieder verlassen, ein wesentlicher Teil ging nach Lateinamerika, vor allem nach Mexiko, ca. 150 000 kehrten nach Spanien zurück. Diejenigen, die in Frankreich bleiben mussten, gerieten in den Strudel der Ereignisse des

Zweiten Weltkriegs: Sie wurden zum Teil nach der französischen Niederlage 1940 von den deutschen Besatzern oder der Vichy-Regierung an das Franco-Regime ausgeliefert, kämpften im französischen Widerstand oder kamen in deutschen Konzentrationslagern um.

De-Globalisierung nach dem Ersten Weltkrieg

Flüchtlinge hatten in der Zwischenkriegszeit häufig einen prekären Aufenthaltsstatus. Ihre Aufnahme erfolgte selten im Rahmen von Asylregelungen, oft durften sie nur deshalb bleiben, weil sie als Arbeitskräfte oder als Spezialisten nützlich zu sein schienen. Die restriktive Asylpolitik bildete ein Element der auf die Beschränkung grenzüberschreitender Bewegungen ausgerichteten Migrationspolitik der Zwischenkriegszeit, die auf protektionistische Ansätze aus dem späten 19. Jahrhundert zurückgreifen konnte. Erste politische Migrationsbarrieren stammten aus den 1880er und 1890er Jahren und gingen von den Vereinigten Staaten von Amerika aus. Dort war es nativistischen Bewegungen gelungen, die Verschärfung der Einwanderungsrichtlinien zu forcieren. Armut, gewisse Krankheiten, aber auch die Herkunft aus bestimmten Weltgegenden bildeten seit den Einwanderungsgesetzen von 1882 und 1891 Argumente, potenzielle Einwanderer abzuweisen und sie auf Kosten der Reedereien zurückzuschicken. Ellis Island, die 1891 eingerichtete zentrale US-amerikanische Einwandererstation, war ein Ausdruck verschärfter Grenzkontrollen. Sie bildete nunmehr die Hauptschleuse für die Zuwanderung über See. Eine weitere Durchgangsstation gab es in San Francisco, die 1909 auf das vorgelagerte Angel Island verlegt worden war und zum Symbol für das Bestreben wurde, die Zuwanderung von Chinesen äußerst restriktiv zu handhaben. Auch die Migration über den Landweg (vor allem über Kanada) wurde auf nur einzelne Grenzübergänge beschränkt.

Die Zentralisierung und Verschärfung der US-amerikanischen Grenzkontrollen beschleunigte die Aufrichtung neuer Kontrollsysteme in Europa. Das galt vor allem für Preußen-

Deutschland, das wichtigste Durchgangsland für ost-, ostmittel- und südosteuropäische Überseemigranten, dessen Schifffahrtslinien den Transatlantikverkehr dominierten: Weil die US-amerikanischen Einwanderungsbehörden in Ellis Island entsprechend den Einwanderungsgesetzen von 1882 und 1891 alle als mittellos oder als (Über-)Träger ansteckender Krankheiten geltenden Grenzgänger auf Kosten der Reedereien in die Ausgangshäfen zurückschickten, hatten die deutschen Schifffahrtsgesellschaften ein Interesse daran, bereits in Hamburg und Bremerhaven niemanden an Bord zu nehmen, der nicht den Vorgaben der US-Einwanderungsgesetze entsprach. Die deutschen Schifffahrtsgesellschaften und die an deren wirtschaftlichem Erfolg interessierten deutschen Staaten gingen deshalb dazu über, den Grenzübertritt potenzieller Abwanderer aus Europa bereits in neu errichteten Kontrollstationen an den Grenzen nach Ost- und Südosteuropa sowie in den Durchwandererstationen im Binnenland (vor allem dem eigens gebauten ‹Auswandererbahnhof› Ruhleben in Berlin) bis nach Hamburg und Bremerhaven zu überwachen. Im Rahmen dieser restriktiven ‹Durchwandererkontrolle› wurden Grenzkontrollen verschärft, der Zugang an bestimmte Bedingungen geknüpft, Migrationspfade auf Grenzstationen und auf einzelne Eisenbahnstrecken festgelegt. Ganz ähnlich operierten andere Staaten, die ebenfalls ein wirtschaftliches Interesse daran hatten, dass die Schifffahrtsgesellschaften das Geschäft mit der transatlantischen Migration aufrechterhalten konnten, ob es in Italien um Genua ging oder in den Niederlanden um Rotterdam, in Großbritannien um Hull, Liverpool oder Southampton bzw. in Norwegen um Bergen.

Zur Entwicklung der Einwanderungsgesetze in den Vereinigten Staaten von Amerika der 1880er und 1890er Jahre trug auch der Einfluss der US-Arbeiterbewegung bei, die in einer wachsenden Zuwanderung eine Gefahr für die Stabilität von Löhnen, Arbeitsverhältnissen und der eigenen Organisationen sah. Ähnliche Phänomene lassen sich in europäischen Staaten beobachten, in denen im späten 19. Jahrhundert die Integration der Arbeiterbewegungen in den Staat zu einer stärkeren Kontrolle der Zuwanderung führte. Der ‹Schutz des nationalen

Arbeitsmarktes›, wie ihn auch deutsche Gewerkschaften diskutierten, bot beispielsweise in den Niederlanden und in Frankreich einen zentralen Anknüpfungspunkt für die Verschärfung der Kontrollen. Ein weiterer Entwicklungsstrang der migratorischen Kontrollpraxis in Europa kam mit unterschiedlichem Gewicht hinzu: Fremdenfeindlichkeit und Rassismus im Kontext von Nationalismus, Kolonialismus und Imperialismus. Einheimische und zugewanderte Minderheiten wurden als Bedrohung von innerer Sicherheit, Gesellschaft und Kultur der Nation verstanden. Zuwanderungsschranken sowie formelle bzw. informelle Integrationsbarrieren sollten die vorgeblichen Gefahren von Minderheitenbildungen minimieren.

Diese Faktoren hatten, wie geschildert, mit dem Ersten Weltkrieg weiter an Gewicht gewonnen, der Ausgrenzung förderte und die administrativen Kontrollkapazitäten im Migrationsbereich wachsen ließ. In der Kriegswirtschaft war vor allem der Arbeitsmarkt ein bevorzugtes Objekt staatlicher Kontrolle und Intervention geworden. Arbeitsmarkt- und mithin Ausländerbeschäftigungspolitik entwickelten sich zu einem wesentlichen staatlichen Steuerungsbereich. Auch diese Tendenz trug in der Nachkriegszeit zu einer restriktiveren Zuwanderungs- und Minderheitenpolitik bei. Mit dem Ersten Weltkrieg war im gesamten atlantischen Raum im zwischenstaatlichen Personenverkehr der Sichtvermerkzwang – in der Regel sowohl Ein- als auch Ausreisevisa – eingeführt worden. Neue Instrumente von Migrationskontrolle und -steuerung wurden nach 1918 Grenzsperren und Kontingentierungen. Hinzu kamen die ökonomischen Wirkungen des Krieges. Es verlagerten sich die bis dahin auf Europa ausgerichteten weltwirtschaftlichen Strukturen, die mit ihren ungleichen Austauschbeziehungen Rohstoffe und Lebensmittel nach Europa gebracht und hier über die Fertigwarenexporte das Wachstum des sekundären Sektors beschleunigt hatten. 1913 hatte der Warenaustausch zwischen den nicht-europäischen Ländern nur 25 Prozent des Welthandels ausgemacht, zwischen 1925 und 1938 lag er bei 40 Prozent – ein Indikator für die wirtschaftliche Schwächung der europäischen Metropolen.

Wegen der Kriegszerstörungen, des Mangels an Transportkapazitäten und der allfälligen Grenzsperren entspannte sich nach dem Ersten Weltkrieg die europäische wirtschaftliche Krisensituation nur langsam. Inflationäre Geldentwertung kennzeichnete beinahe alle Währungen der am Krieg beteiligten Staaten. Behinderungen und Belastungen für den Welthandel gab es allenthalben, Exportchancen sanken, Überkapazitäten führten zu einem hohen Sockel struktureller Erwerbslosigkeit, die in der Weltwirtschaftskrise zu Beginn der 1930er Jahre kulminierte. Für viele verringerte die wirtschaftliche Depression die Möglichkeiten, den Weg aus Europa zu finanzieren und Startkapital für den Neubeginn zu sammeln. Einen wirtschaftspolitischen Lösungsversuch in der Krise bildete die protektionistische Abgrenzung der einzelnen Volkswirtschaften voneinander, ein Kennzeichen von De-Globalisierung und weltwirtschaftlicher Desintegration. Grenzüberschreitende Bewegungen – Warenaustausch, Kapitalverkehr, Wanderungen – wurden massiv reduziert.

Vor diesem Hintergrund ging 1914 das Jahrhundert der massenhaften europäischen Übersee-Migration zu Ende. Weil fast alle wichtigen europäischen Herkunftsländer am Krieg beteiligt waren, sank die Abwanderung. Nach jährlich 1,4 Millionen europäischen Überseewanderern im Zeitraum 1906–1910 wurden im nächsten, vom Weltkrieg noch nicht schwerwiegend tangierten Jahrfünft (1911–1915) mit 1,3 Millionen pro Jahr kaum weniger Abwanderer registriert als in den Jahren zuvor. Zwischen 1916 und 1920 ging dann die Zahl sehr deutlich auf ein Drittel zurück und erreichte durchschnittlich jährlich nur mehr 431 000. In der Zwischenkriegszeit stieg die Zahl der Überseemigranten zwar erneut an: In den 1920er Jahren lag der Durchschnitt pro Jahr mit knapp unter 700 000 erheblich höher als im Jahrfünft zuvor. Sie erreichte aber dennoch nicht mehr als die Hälfte der durchschnittlichen Jahresraten des Vorkriegsjahrzehnts. In den 1930er Jahren wiederum sanken die Ziffern angesichts der Weltwirtschaftskrise sehr deutlich ab: Zwischen 1931 und 1940 waren europaweit nur mehr 1,2 Millionen Überseemigranten registriert worden, ein Fünftel der Zahlen der 1920er Jahre. Mit einer Durchschnittsziffer von jährlich

120 000 Menschen wurden die niedrigsten Werte der gesamten 100 vorangegangenen Jahre erreicht. Der Beginn des Zweiten Weltkriegs ließ dann die transatlantische Migration völlig auslaufen.

Der Blick auf die einzelnen europäischen Herkunftsländer offenbart einige charakteristische Merkmale der Überseemigration der Zwischenkriegszeit: Die zwischen 1911 und 1915 gezählten 6,7 Millionen Auswanderer kamen zu weitaus mehr als einem Viertel von den Britischen Inseln (1,9 Millionen). Ein weiteres knappes Viertel rekrutierte sich aus Italien (1,6 Millionen). Es folgten als weitere wichtige Herkunftsländer mit deutlichem Abstand Spanien (830 000), Österreich-Ungarn (730 000) und Russland (550 000). In dem vom Ersten Weltkrieg und der unmittelbaren Nachkriegszeit geprägten Abschnitt von 1916 bis 1920 sank die Abwanderung von den Britischen Inseln und aus Italien auf jeweils rund 40 Prozent des Ausgangswertes, während Spanien, das nicht am Weltkrieg beteiligt war, noch ca. 60 Prozent verzeichnete. Im Falle von Österreich-Ungarn und Russland, zwei durch den Krieg und seine Folgen besonders stark in Mitleidenschaft gezogene Staaten, ging die Abwanderung auf ein zu vernachlässigendes Maß zurück. Das galt auch für Deutschland, wo nur mehr etwa 15 Prozent des Wertes des letzten Vorkriegsjahrfünfts erreicht wurden.

Zwischen 1921 und 1930 blieben bei einer im Vergleich zur Vorkriegszeit deutlich verringerten europäischen Abwanderung von 6,9 Millionen Menschen die Britischen Inseln (2,2 Millionen) und Italien (1,4 Millionen) weiterhin die führenden Herkunftsräume. Spanien verlor mit 560 000 Abwanderern an Bedeutung, Portugal rückte mit knapp 1 Million vor Polen (634 000) an die dritte Stelle. Die UdSSR betrieb eine sehr restriktive Abwanderungspolitik, sodass einer der europäischen Hauptherkunftsräume der Vorkriegszeit fast vollständig an Bedeutung verlor: Hier gab es zwar kein offizielles Abwanderungsverbot, aber derart hohe bürokratische Hürden, dass der Grenzübertritt nahezu unmöglich war. Diese Maßnahmen standen in unmittelbarer Verbindung mit dem massiven sowjetischen Industrialisierungsprogramm, das nur über eine weitreichende

Bindung und Lenkung aller Arbeitskräfte realisierbar schien – die Abwandererzahl sank mit 80 000 für die Jahre 1921–1930 auf ein Elftel des Jahrzehnts von 1901–1910 ab.

Reaktionen auf die Weltwirtschaftskrise

Das zweite Jahrzehnt der Zwischenkriegszeit war auch im Wanderungsgeschehen durch die Auswirkungen der Weltwirtschaftskrise gekennzeichnet. Die europäische Überseeabwanderung ging auf weniger als ein Fünftel im Vergleich zum ersten Zwischenkriegsjahrzehnt zurück (von 7 auf 1,2 Millionen). Immer noch dominierte die Abwanderung von den Britischen Inseln, sie sank allerdings mit 262 000 auf ein Achtel im Vergleich zum vorherigen Jahrzehnt ab. Ähnliche Entwicklungen lassen sich für die anderen wichtigen Herkunftsländer der Zwischenkriegszeit beobachten: Das gilt für Italien (Absinken auf ein Sechstel mit 235 000) ebenso wie für Portugal (auf ein Neuntel: 108 000), Spanien (auf ein Viertel: 132 000) und Polen (ebenfalls auf ein Viertel: 164 000).

Für die Hintergründe dieses Wandels ist nicht nur der Blick auf die europäischen Herkunftsländer nötig, von Bedeutung waren auch die Entwicklungen in den wichtigsten Zielländern. Mit dem ‹Quota Act› von 1921 führten die USA erstmals Quoten für die einzelnen Herkunftsländer ein, die sich vor allem gegen die seit Ende des 19. Jahrhunderts dominierende ‹New Immigration› aus Ost-, Ostmittel-, Südost- und Südeuropa richteten. 1924 und 1927 wurden diese Quoten weiter verschärft. Sogleich verschob sich die Zusammensetzung der europäischen Zuwanderung: 1910–1915 war die ‹Neue Einwanderung› noch um das Dreifache höher als die ‹Alte Einwanderung› aus West-, Mittel- und Nordeuropa gewesen. In den 1920er Jahren ging dieses Übergewicht auf 54 Prozent zurück. Die Zuwanderung von anderen Kontinenten unterlag noch schärferen Restriktionen. Weiterhin wurden nur wenige Chinesen zugelassen, Japaner überhaupt nicht. Für sie lag die Quote seit 1924 bei null. Nach einer Entscheidung des Supreme Court 1921 konnte kein Japaner mehr die US-Staatsbürgerschaft erwerben.

Hinzu kam, dass die Quotenregelung die Zuwanderung bürokratisierte und restriktive Ausführungsbestimmungen dazu beitrugen, dass die Quoten sogar durchweg unterschritten wurden. Außerdem traf die schwere und lange Weltwirtschaftskrise seit 1929 die USA – ebenso wie andere klassische Ziele der Europäer wie Kanada und Australien – stärker als manche Herkunftsländer. Die Attraktivität der Zielgebiete ließ daher abrupt nach: Die US-Quote für Großbritannien und Irland etwa betrug in den 1930er Jahren 835 740, nur 110 094 Zuwanderer aber kamen. Die Weltwirtschaftskrise verstärkte auch Rückwanderungstendenzen: Großbritannien verzeichnete 1930 erstmals seit mehr als 100 Jahren einen Zuwanderungsüberschuss, der bis zum Beginn des Zweiten Weltkriegs auf eine Zahl von 500 000 Menschen anstieg. Positive Wanderungsbilanzen erreichten 1930–1935 auch andere Staaten, die lange Zeit mehr Ab- als Zuwanderungen gekannt hatten, wie etwa Belgien, Österreich, Ungarn, Jugoslawien oder Rumänien. Europäische Überseemigration war im Jahrzehnt vor dem Beginn des Zweiten Weltkriegs kein Faktor mehr, der die globale Bevölkerungsentwicklung entscheidend beeinflusste.

Bei einem deutlich verringerten Wanderungsvolumen kam es in der Zwischenkriegszeit außerdem zu einer Richtungsverlagerung – weg von den USA, hin zu Lateinamerika, Kanada, Australien und Neuseeland. Unter den vier Hauptzuwanderungsländern der Welt, Argentinien, Brasilien, Kanada und die USA, hatten die USA 1906–1910 noch 67 Prozent aller Europäer aufgenommen. Zwischen 1921 und 1924, in den Jahren zwischen dem ersten und dem zweiten Quotengesetz, waren es 59 Prozent. Nach Verabschiedung des zweiten, noch weiter verschärften Quotengesetzes 1924 sank der Anteil auf nur noch 32 Prozent. Im Zuge der Weltwirtschaftskrise verzeichneten Argentinien und Brasilien dann erstmals absolut höhere Zuwandererzahlen als die USA.

Aber auch diese Staaten litten unter der Krise. Argentinien als eine der Volkswirtschaften, die von der wirtschaftlichen Globalisierung der drei Jahrzehnte vor dem Ersten Weltkrieg profitiert hatte, verlor Exportmöglichkeiten. Erwerbslosigkeit wurde zur

Dauererscheinung. Deshalb erreichte beispielsweise die geschilderte zirkuläre Bewegung der ‹Golondrinas› über den Atlantik nach Kriegsende bei Weitem nicht mehr den Vorkriegsstand und lief in den 1920er Jahren dann ganz aus, einheimische Arbeitskräfte übernahmen die Tätigkeiten der interkontinentalen Arbeitswanderer. Während die ‹Golondrinas› als ganzjährig beschäftigte landwirtschaftliche Saisonarbeitskräfte auf beiden Kontinenten gute Verdienstmöglichkeiten gehabt hatten, blieb die Lage der argentinischen Landarbeiterinnen und Landarbeiter prekär: Die Arbeit auf den Feldern beschränkte sich häufig auf 3 oder 4 Monate im Jahr, der Verdienst für die 1937 rund 280 000 landwirtschaftlichen Saisonarbeitskräfte in den Provinzen der Pampa reichte nicht aus, um davon das ganze Jahr leben zu können.

Die migratorischen Folgen der Weltwirtschaftskrise nahmen ganz unterschiedliche Gestalt an: Auch wenn die grenzüberschreitende Migration vor dem Hintergrund geringer Chancen in den Hauptzuwanderungsländern einbrach, gab es doch auch Ausnahmen. So wuchs etwa die Zuwanderung in die UdSSR im Kontext des Industrialisierungsprogramms, das von den niedrigen Weltmarktpreisen in der Wirtschaftskrise profitierte, weil beispielsweise Maschinen günstig im Ausland gekauft werden konnten: Zwischen 1928 und 1931 warb die sowjetische Regierung Tausende von Facharbeitern und Handwerkern an, um den Fachkräftemangel zu lindern. US-Amerikaner, Australier, Tschechen und vor allem Deutsche kamen, um in den großen Produktionszentren in Zentralrussland, in der Ukraine oder in Westsibirien zu arbeiten. Häufig waren die Zuwanderer in den Herkunftsländern in der kommunistischen Arbeiterbewegung aktiv gewesen, sie versprachen sich von ihrem Aufenthalt in der UdSSR nicht nur Arbeit, sondern auch eine aktive Beteiligung an der Umsetzung ihrer politischen Ideale. Allein im Jahr 1931 sollen 6000–8000 deutsche Facharbeitskräfte in die UdSSR gekommen sein, hinzu traten etwa ebenso viele Familienmitglieder. Die Anwerbung endete aufgrund vieler organisatorischer und politischer Schwierigkeiten bereits 1932, bis 1936 war ein Großteil der ausländischen Fachkräfte in die Herkunftsländer zurückgekehrt, nicht nur, weil sich viele Zuwanderer den Aufenthalt ohnehin nur als temporär vorgestellt hatten. Auch die schwierigen Lebens- und Arbeitsbedingungen sowie das andauernde Misstrauen der sowjetischen Behörden, die die Zuwanderer nicht nur als politisch unzuverlässig, sondern auch als gefährlich für die innere Sicherheit einstuften, trieben sie zurück.

Die massive wirtschaftliche De-Globalisierung in der Krise der 1930er Jahre führte offenbar nicht zu einer Verminderung der regionalen Mobilität, auch wenn die grenzüberschreitenden Fernwanderungen deutlich an Gewicht verloren. Ausmachen lässt sich, dass vor dem Hintergrund von hoher Erwerbslosigkeit und sozialer Not der Wohnungswechsel an Bedeutung gewann: Kleinere Wohnungen wurden bezogen, um Mieten zu sparen, der mehr oder minder regelmäßige Umzug als Flucht vor der Mietzahlung bildete eine relativ häufig genutzte Möglichkeit, finanzielle Schwierigkeiten zu lindern. In vielen Teilen Europas lässt sich darüber hinaus eine verstärkte Abwanderung in ländliche Gebiete ausmachen, die günstigere Unterkunftsmöglichkeiten oder eine Versorgung mit Lebensmitteln durch Arbeit in der Landwirtschaft für Kost und Logis versprachen. Zudem entstanden illegale und provisorische Wohnsiedlungen am Rande der Großstädte, wie sie beispielsweise der 1931/32 unter Mitwirkung Bertolt Brechts gedrehte sozialkritische Film ‹Kuhle Wampe› dokumentiert. Vermehrt prägte Obdachlosigkeit das Straßenbild, wie sich etwa am Beispiel des schon älteren Phänomens der ‹Hobos› in den Vereinigten Staaten zeigen lässt: Ihre Existenz als ort- und ziellose Wanderarbeiter war gekennzeichnet durch mehr oder minder dauernde Bewegung vor allem auf Güterzügen und die Suche nach meist prekärem Erwerb, die Furcht vor lokaler Polizei und den als äußerst brutal beschriebenen Sicherheitsleuten der Eisenbahngesellschaften. Allenthalben entstanden in der Nähe von Bahnhöfen, Langsamfahrstrecken, Linienverzweigungen oder Wasserhochbehältern, an denen die Tanks der Dampflokomotiven aufgefüllt wurden, illegale und provisorische Lagerstätten der Hobos. Die Hobo-Subkultur fand schon zeitgenössisch in vielfältiger Weise Eingang in Literatur, Musik und Film, auch die Idealisierung der Existenz der Hobos und die Mythologisierung als ein Element der Freiheit lag nicht fern, ‹hoboing› – also das Reisen auf Güterzügen – wird heute von manchen als Freizeitbeschäftigung betrieben.

Einen zentralen Antrieb für den Anstieg der Zahl der Obdachlosen in den USA der 1930er Jahre bildete die Verbindung von Wirtschafts- und Umweltkrise: In den östlich der Rocky Mountains gelegenen trockenen Präriezonen hatte die Verdrängung des Präriegrases durch Weizen im Zuge der Urbarmachung seit dem späten 19. Jahrhundert langfristig verheerende Auswirkungen auf das regionale Ökosystem. Während das Präriegras den Boden vor Erosion bewahrt hatte, führten Weizenmonokulturen und Dürre in den 1930er Jahren zu gewaltigen Staubstürmen. Schwere Ernteschäden und der Preisverfall landwirtschaftlicher Produkte in der Weltwirtschaftskrise führten zur Abwanderung zahlloser Farmer aus der ‹Dust Bowl›. Wohl mehr als eine Million Menschen aus den besonders betroffenen Gebieten in Oklahoma, Texas, Arkansas und Missouri kamen in den 1930er und 1940er Jahren allein nach Kalifornien. Viele der ‹Okies›, deren Schicksal der spätere Literatur-Nobelpreisträger John Steinbeck eindrücklich in seinem Roman ‹Früchte des Zorns› beschrieb, waren genötigt, als Tagelöhner Hilfsarbeiten in der kalifornischen Landwirtschaft aufzunehmen, oder vervielfachten die Zahl der ‹Hobos›.

Die Weltwirtschaftskrise betraf ‹Nomaden› ganz anderer sozialer Stellung ebenfalls massiv: Im Paris der Zwischenkriegszeit hatte sich eine kulturelle Elite US-amerikanischer Schriftsteller, Musiker und Künstler etabliert. Bereits vor dem Ersten Weltkrieg galt ein Aufenthalt in Paris für wohlhabende US-Bürger als notwendiger Bestandteil kultureller Bildung. In z. T. kritischer Distanz zum ‹American Way of Life› prägte sich eine kosmopolitische Kulturmigration aus, deren Angehörige die spezifische Aura der französischen Kulturmetropole für ihre künstlerische Arbeit für unabdingbar hielten, weil sie ihre Wahrnehmung und künstlerische Ausdrucksfähigkeit bereicherte. Das kosmopolitische Milieu, dessen Mythos bis heute fortwirkt, prägten Persönlichkeiten wie Gertrude Stein, F. Scott Fitzgerald, Henry Miller,

Man Ray, Edith Wharton, Djuna Barnes oder Josephine Baker. Ein literarisches Denkmal hat den ‹Amerikanern in Paris› Ernest Hemingway mit seinem Roman ‹Paris – ein Fest fürs Leben› gesetzt. Die Zwänge der Wirtschafts- und Finanzkrise der 1930er Jahre nötigten viele Mitglieder der ohnehin sehr mobilen Gruppe der ‹Expatriierten›, Paris zu verlassen. Der Beginn des Zweiten Weltkriegs 1939 und die französische Niederlage im Krieg gegen das nationalsozialistische Deutschland 1940 führten zum Zusammenbruch auch der letzten Elemente dieser spezifischen Form von ‹Lifestyle Migration›.

Flucht, Vertreibung und Deportation im Zweiten Weltkrieg

Ebenso wie der Erste Weltkrieg und dessen unmittelbare Nachkriegszeit wurden auch der zweite globale Konflikt und seine Folgejahre durch Flucht, Vertreibung, Deportation und Zwangsarbeit geprägt, allerdings in noch erheblich größeren Dimensionen. Die Bevölkerungsverluste waren wesentlich höher: Wahrscheinlich hat der Zweite Weltkrieg 55 bis 60 Millionen Menschen das Leben gekostet. Anders als im Ersten Weltkrieg lag dabei die Zahl der Getöteten unter der Zivilbevölkerung höher als unter den Soldaten. In Europa kann die Zahl der Flüchtlinge, Vertriebenen und Deportierten allein in der militärischen Expansionsphase des nationalsozialistischen Deutschland zwischen 1939 und 1943 auf 30 Millionen Menschen geschätzt werden und damit auf nicht weniger als 5 Prozent der Bevölkerung des Kontinents. Spätestens 1943 begann das räumliche Zusammenschmelzen des bis dahin zusammengeraubten ‹Großdeutschen Reiches› und seiner Satellitenstaaten. Erweitert man die Schätzung um die zwischen 1943 und 1945 zu beobachtenden Massenzwangswanderungen, so kann für den Zweiten Weltkrieg insgesamt von 50 bis 60 Millionen Flüchtlingen, Vertriebenen und Deportierten ausgegangen werden. Das waren mehr als 10 Prozent aller Menschen in Europa.

Auch der Krieg im pazifischen Raum ließ die Zahl der Flüchtlinge und Vertriebenen rasch steigen – und zwar schon bevor in Europa die Kämpfe begonnen hatten. Seitdem die japanische

Armee im September 1931 in der Nähe Shenyangs (Mukden) einen Überfall auf die für die japanische Präsenz in der Mandschurei außerordentlich wichtige Südmandschurische Eisenbahn vorgetäuscht hatte, befand sich Japan in einem unerklärten Krieg in der Mandschurei und in Nordchina. Dieser eskalierte im Juli 1937 nach Kämpfen in der Nähe Pekings, die sich rasch auf große Teile Nordwest- und Südwestchinas ausweiteten. Die Mandschurei wurde vollständig besetzt, Peking, Shanghai und Nanking erobert und eine Regierung von Japans Gnaden in Peking eingesetzt. Vor allem die Eroberung Nankings zog weltweite Aufmerksamkeit auf den Krieg in Ostasien: Japanische Truppen ermordeten Zehntausende Zivilisten, plünderten die Stadt, es kam zu Massenvergewaltigungen. Aber auch andernorts wütete der Krieg: Im Zuge des blutigen Häuserkampfes in der Schlacht um Shanghai suchten rund 500 000 Chinesen Zuflucht in der exterritorialen Internationalen Zone in der Stadt, es entwickelte sich ein Flüchtlingselend auf äußerst knappem Raum, mit dem die internationale Verwaltung lange völlig überfordert war. 1939 lag die Zahl der Flüchtlinge, die vor Front und Besatzung im chinesischen Nordosten nach Zentral- und Südchina ausgewichen waren, bei 13 Millionen, andere Schätzungen sprechen sogar von 30 Millionen. Insgesamt soll die Zahl der Flüchtlinge im japanisch-chinesischen Krieg 1937 bis 1945 jene in Europa deutlich überstiegen haben. Sie wird auf 95 Millionen geschätzt.

Das nationalsozialistische ‹Dritte Reich› war nur deshalb in der Lage, den Zweiten Weltkrieg beinahe sechs Jahre lang zu führen, weil es ihn als Beutekrieg geplant hatte. Die mit Deutschland verbündeten Staaten sowie die von 1938 an erworbenen bzw. eroberten Länder und Landesteile hatten dabei die Aufgabe, mit Produktionskapazitäten, Rohstoffen und mit ihrer Bevölkerung der deutschen Kriegswirtschaft zu dienen. Im Laufe des Krieges stieg die Bedeutung der geraubten Güter und Menschen für die deutsche Kriegswirtschaft immens an: Im Oktober 1944 wurden fast 8 Millionen ausländische Zwangsarbeitskräfte in Deutschland gezählt, darunter knapp 6 Millionen Zivilisten und rund 2 Millionen Kriegsgefangene. Sie stammten aus insgesamt 26 verschiedenen Ländern. Die UdSSR dominierte als Herkunftsland der Zwangsarbeitskräfte mit einem Anteil von mehr als einem Drittel (2,8 Millionen) an ihrer Gesamtzahl, 1,7 Millionen kamen aus Polen und 1,2 Millionen aus Frankreich, jeweils mehrere Hunderttausend aus Italien, den Niederlanden, Belgien, der Tschechoslowakei und Jugoslawien.

Das enorme wirtschaftliche Gewicht der ausländischen Zwangsarbeitskräfte zeigt sich im Anteil an der Gesamtbeschäftigung: Insgesamt stellten sie im September 1944 etwa ein Drittel der Beschäftigten, sie fanden sich in allen Wirtschaftszweigen, in allen Betriebsgrößenkategorien über das ganze Reich verteilt. In einigen Wirtschaftszweigen bzw. Betrieben war ihre Bedeutung besonders hoch, etwa in der Landwirtschaft, die 1944 einen Anteil von 46 Prozent erreichte, oder für den Bergbau mit 36 Prozent. In manchen Betrieben mit einem hohen Anteil unqualifizierter Arbeit kamen vier Fünftel aller Beschäftigten aus dem Ausland. Ein Drittel der ausländischen Arbeitskräfte waren Frauen – ein Großteil jünger als 20 Jahre. Insgesamt lag das Durchschnittsalter bei 20 bis 24 Jahren.

Deutschland wurde mit einem System von über 20 000 Lagern für ausländische Zwangsarbeitskräfte überzogen. Ausländische Arbeitskräfte gab es überall, in der Stadt wie auf dem Land, in Handwerksbetrieben wie in Großkonzernen, auf kleinen Bauernhöfen wie in großen Gutsbetrieben. Entsprechend der rassistischen nationalsozialistischen Weltanschauung behandelten die deutschen Behörden die ausländischen Zwangsarbeitskräfte je nach Nationalität ganz unterschiedlich. Jene aus verbündeten Ländern sowie aus den besetzten Gebieten im Westen waren in den Arbeits- und Lebensverhältnissen dabei weitaus besser gestellt als jene aus dem Osten, jene aus den besetzten Gebieten der UdSSR – neben den Häftlingen in der KZ-Rüstungsproduktion im Reichsgebiet – den schlechtesten Arbeits- und Lebensbedingungen unterworfen. Ohne die ausländischen Zwangsarbeitskräfte hätte die Landwirtschaft schon 1940 und die Rüstungsproduktion 1941 nicht mehr die Planvorgaben erfüllen können. In jener Form eines im großen Maßstab auf ausländischer Arbeitskraft basierenden Zwangsarbeitersystems blieb der nationalsozialistische ‹Ausländer-Einsatz› ohne Parallele.

Diese Feststellung gilt, obwohl die Rekrutierung von Zwangsarbeitskräften auch im Verlauf des pazifischen Krieges an Bedeutung gewann. Zwischen 1920 und 1930 hatte sich in Japan die Zahl der Arbeitskräfte aus dem Kolonialbesitz in Korea bis auf 300 000 verzehnfacht. In den folgenden acht Jahren wuchs die koreanische Bevölkerung in Japan weiter auf fast das Dreifache (800 000) an. Parallel zu einer Vielzahl von Maßnahmen zur Bindung japanischer Arbeitskräfte an ihre Unternehmen und zur Zwangsverpflichtung in der Rüstungsindustrie, die der Armeeverwaltung unterstand, wuchs die Zahl zwangsrekrutierter Koreaner während des Krieges rasch. 725 000 Koreaner kamen zwischen 1939 und 1945 in der japanischen Industrie und vor allem im Bergbau zum Einsatz, der mehr als die Hälfte der in Japan lebenden Koreaner beschäftigte. Hinzu traten rund 42 000 Chinesen, die auf die japanischen Inseln transportiert wurden, darüber hinaus rekrutierte das japanische Militär vor allem in den besetzten Gebieten Chinas und in der Mandschurei massenhaft Arbeitskräfte unter Zwang für Arbeiten vor Ort.

Das Interesse der deutschen Eroberer ging in den besetzten Gebieten vor allem Ost- und Ostmitteleuropas über die wirtschaftliche Ausbeutung deutlich hinaus; denn die Besatzungspolitik zielte auf die Etablierung einer streng nach rassistischen Kriterien ausgerichteten deutschen Ordnung, deren wesentliche Elemente Planung und weitreichende Umsetzung von Umsiedlungen sowie Vertreibungen und Deportationen ganzer Bevölkerungen zugunsten eines vorgeblichen deutschen ‹Volkes ohne Raum› waren. Etwa 9 Millionen Menschen waren davon betroffen. Zwischen 1939 und 1944 wurden als Nutznießer der Umsiedlungen eine Million Menschen deutscher Herkunft aus ihren außerhalb der Reichsgrenzen gelegenen Siedlungsgebieten in Süd-, Südost-, Ostmittel- und Osteuropa ‹heim ins Reich› geholt, vor allem, um sie in den in Polen und der Tschechoslowakei eroberten, dem Reich unmittelbar angegliederten Gebieten anzusiedeln. Voraussetzung für die Ansiedlung dieser ‹Volksdeutschen› war immer die Deportation der ansässigen polnischen, tschechischen und jüdischen Bevölkerung, die 1939/40 in großem Maßstab eingeleitet worden war und im Völkermord endete. 1940/41 etwa wurden ca. 1,2 Millionen Polen und Juden aus den ‹Reichsgauen› Wartheland und Danzig-Westpreußen vertrieben zugunsten der neu anzusiedelnden ‹Volksdeutschen›. Das sollte aber nur der Anfang sein, die Gesamtplanung für dieses Gebiet lag bereits vor; denn von den mehr als 10 Millionen Menschen, die in diesem Gebiet lebten, galten nur 1,7 Millionen als ‹eindeutschungsfähig›, 7,8 Millionen Polen und 700 000 Juden sollten vertrieben werden.

Kriegsfolgewanderungen

Die letzten Umsiedlungen ‹heim ins Reich› von 250 000 ‹Volksdeutschen› aus Wolhynien, Galizien und Siebenbürgen 1944 hatten schon deutlich den Charakter einer Fluchtbewegung vor der Roten Armee, die im August 1944 in Ostpreußen die Grenze des Deutschen Reiches erreichte und sie im Oktober des Jahres erstmals überschritt. In den Ostprovinzen des Reiches und in den deutschen Siedlungsgebieten jenseits der Grenzen in Ost-, Ostmittel- und Südosteuropa lebten rund 18 Millionen Reichsdeutsche und ‹Volksdeutsche›. Etwa 14 Millionen von ihnen, der weitaus überwiegende Teil also, flüchteten in der Endphase des Krieges in Richtung Westen oder wurden nach Kriegsende vertrieben bzw. deportiert. Die Bilanz zeigen die Zahlen der Volkszählung von 1950: Knapp 12,5 Millionen Flüchtlinge und Vertriebene waren aus den nunmehr in polnischen und sowjetischen Besitz übergegangenen ehemaligen Ostgebieten des Deutschen Reiches sowie aus den Siedlungsgebieten der ‹Volksdeutschen› in die Bundesrepublik Deutschland und in die DDR gelangt; weitere 500 000 lebten in Österreich und anderen Ländern.

Die Flüchtlinge und Vertriebenen aber bildeten im Deutschland der unmittelbaren Nachkriegszeit nicht die einzige große Gruppe von Zwangswanderern. Hinzu kamen die 11 Millionen ‹Displaced Persons› (DPs), ehemalige ausländische Zwangsarbeitskräfte, deren Rück- und Weitertransport Monate und

Jahre in Anspruch nahm. In den vier Besatzungszonen gab es nach Kriegsende zudem noch 10 Millionen Menschen, die vor den Bombenangriffen geflohen waren oder evakuiert wurden und nicht selten erst nach Jahren in ihre Heimatorte zurückkehren konnten. Auch sie lebten notdürftig vor allem in den ländlichen Regionen. Innerhalb eines Jahres nach Kriegsende 1945 wurden zudem rund 5 der insgesamt 9 Millionen deutschen Kriegsgefangenen aus den Internierungslagern entlassen. 20 verschiedene Staaten hatten deutsche Kriegsgefangene in ihrem Gewahrsam, darunter vor allem die USA (3,7 Millionen), Großbritannien (2,3 Millionen) und die UdSSR (1,8 Millionen). Deutsche Kriegsgefangene fanden sich über die gesamte Erde verstreut, viele von ihnen waren an Wiederaufbauarbeiten beteiligt. Man hat errechnet, dass sie zwischen 1941 und 1956, als die letzten Kriegsgefangenen die UdSSR verlassen konnten, 2 Milliarden Arbeitstage leisteten, den größten Teil (1,4 Milliarden Tage) im Osten Europas und vor allem in der UdSSR.

Flucht und Vertreibung der Deutschen führten zu millionenfachen Folgewanderungen in die Vertreibungsgebiete. Innerhalb kurzer Zeit siedelten sich 1,8 Millionen Tschechen und Slowaken im Sudetenland an, dessen deutsche Bevölkerung gerade vertrieben worden war. Auch in Polen wurde das konfiszierte Land der geflüchteten und vertriebenen Deutschen rasch neu besiedelt. Dort lag die Bevölkerungszahl im August 1947 bereits wieder bei über 5 Millionen, 3 Millionen Menschen kamen aus Zentralpolen in die eroberten Landstriche, eine weitere Million aus den an die UdSSR abgetretenen polnischen Ostgebieten, eine Million Polen hatten hier schon vor 1945 gelebt. Diese und andere in die ehemals deutschen Siedlungsgebiete zielenden Bewegungen führten zu regelrechten Ketten weiterer Folgewanderungen. Nach den immensen Bevölkerungsverschiebungen während des Zweiten Weltkriegs und aufgrund von Flucht und Vertreibung der deutschen Bevölkerung trugen sie zu einer völligen Umgestaltung der Nationalitätenkarte im Osten Europas bei.

Der Zweite Weltkrieg hatte die Lebensgrundlagen von Millionen Menschen zerstört; das Verlassen des Kontinents erschien vielen als ein Weg aus der Trümmerlandschaft. Dennoch lag die transkontinentale Abwanderung im Kriegs- und Nachkriegsjahrzehnt 1941–1950 mit 2,3 Millionen niedrig; denn die Ziffer von 6,8 Millionen zwischen 1921 und 1930, aber auch jene von 1951–1960 mit 4,9 Millionen erreichte sie bei Weitem nicht. Während des Krieges gab es faktisch keine Überseemigration, nach dem Krieg lief sie zunächst nur sehr langsam an und unterschied sich wesentlich von jener des 19. und frühen 20. Jahrhunderts: Von den Migranten selbst organisierte Reisen gab es kaum noch; einen wesentlichen Anteil hatte etwa die von internationalen Hilfsorganisationen organisierte Abwanderung der ‹Displaced Persons› aus Europa. Mit Hilfe der ‹International Refugee Organization› und über ein international abgestimmtes Aufnahmeprogramm konnten zwischen 1947 und 1951 mehr als 700 000 DPs Westdeutschland verlassen. Wichtigstes Ziel waren die USA (273 000) sowie Australien (136 000) und Kanada (83 000); 110 000 von ihnen fanden im Zuge dieses Programms Aufnahme in westeuropäischen Staaten, vor allem in Großbritannien und Frankreich.

Die Aufnahme dieser DP-Programme war ein Ergebnis des ‹Kalten Kriegs›, der von den späten 1940er bis in die späten 1980er Jahre die globale Politik prägte. Anfangs waren die Westalliierten noch der Aufforderung der UdSSR nachgekommen, DPs auch unter Zwang in die UdSSR zurückzusenden. Weil sich aber die politischen Differenzen zwischen Ost und West immer weiter verschärften, entwickelten die Westmächte eigene Strategien zum Umgang mit jenen DPs, die nicht in ihre ost- und ostmitteleuropäischen Herkunftsländer zurückkehren wollten.

Migration und ‹Kalter Krieg›

Trotz der Verwendung des Terminus ‹Krieg› verweist der ‹Kalte Krieg› nicht auf direkte (zwischen den beiden verfeindeten ‹Supermächten› UdSSR und USA ausgetragene) militärische Konflikte, sondern meint vielmehr eine Phase permanenten ‹Nicht-Friedens›, einen von beiden Seiten aktiv betriebenen kriegsähnlichen Zustand. Ein zentrales Element des Systemkonflikts bildete der jeweils vertretene unvereinbare politisch-weltanschauliche Absolutheits- bzw. Universalanspruch. Als langwährender Rüstungswettlauf mit teuren Waffentechnologien war der ‹Kalte Krieg› eine Auseinandersetzung, die einen erheblichen Teil der finanziellen und ökonomischen Ressourcen im Osten wie im Westen band.

Für die globale Migrationssituation war die (ideologische) Teilung der Welt von hohem Gewicht. Die UdSSR hatte bereits in der Zwischenkriegszeit ein an den Erfordernissen einer gewaltsamen Industrialisierungspolitik orientiertes Migrationsregime entwickelt, das auf die restriktive Lenkung von Arbeitskräften im Innern und auf Beschränkung der Abwanderung ausgerichtet war. Nach dem Ende des Zweiten Weltkriegs gingen die neuen Satellitenstaaten der UdSSR den sowjetischen Weg. Migratorisch wurde die Welt in zwei Blöcke geteilt, Arbeitsmigration fand zwischen Ost und West nicht mehr statt. Die Bewegungen beschränkten sich meist auf Flucht oder Ausweisung von Dissidenten aus dem Osten in den Westen oder auf Phasen, in denen die Destabilisierung eines Staatswesens im Osten den kurzzeitigen Zusammenbruch der restriktiven Grenzregime zur Folge hatte. Das galt vor allem für die Aufstände in Ungarn 1956 und in der Tschechoslowakei 1968, deren Niederschlagung jeweils zur Abwanderung Hunderttausender führte. Einen Sonderfall bildete bis zum Bau der Berliner Mauer 1961 die DDR. Zwar wurde die innerdeutsche Grenze bereits Anfang der 1950er Jahre unüberwindbar armiert, die besondere Stellung Berlins aber ließ Grenzsicherungsmaßnahmen zwischen den alliierten Sektoren der ehemaligen Reichshauptstadt lange nicht zu, sodass DDR und UdSSR die Abwanderung kaum kontrollieren konnten: Wahrscheinlich wanderten von der Gründung der beiden deutschen Staaten 1949 bis zum Bau der Mauer 1961 über 3 Millionen Menschen aus der DDR in die Bundesrepublik.

Andere migratorische Wirkungen des ‹Kalten Krieges› betrafen jene Weltregionen, in denen der Konflikt als ‹Stellvertreterkrieg› ausgetragen wurde: Vor allem die Kriege in Korea 1950–1953, in Vietnam 1961–1975 und in Afghanistan 1979–1989, an denen jeweils eine der beiden Weltmächte in großem Maßstab militärisch beteiligt war, während der globale Gegner durch die

Lieferung von Rüstungsgütern sowie durch finanzielle, materielle und ideelle Hilfen den jeweiligen Kriegsgegner unterstützte, bedingten große Flucht- und Vertreibungsbewegungen. Meist führten sie nicht über die Grenzen der betroffenen Staaten hinaus oder betrafen höchstens Grenzregionen benachbarter Staaten. Die Zahl der Zwangsmigranten war vor allem in Vietnam auch deshalb sehr hoch, weil die US-Truppen Umsiedlungen zu einem Element der Kriegführung bzw. zu einem Element der ‹Befriedung› guerillagefährdeter oder eroberter Gebiete machten. Sie griffen dabei auf Erfahrungen aus anderen Dekolonisationskonflikten zurück: Bereits im Krieg der britischen Kolonialmacht in Malaya gegen eine kommunistische Guerilla 1958 bis 1960 war die Umsiedlung eines großen Teils der Minderheit der Chinesen als zentrales Element einer erfolgreichen Aufstandsbekämpfung verstanden worden. Die im Sinne dieser Strategie im Vietnamkrieg und in anderen Konflikten in großem Maßstab durchgeführten zwangsweisen Ansiedlungen in ‹Neue Dörfer› genannte Lagerkomplexe sollten nicht nur die Kontrolle über als gefährdet und gefährlich erachtete Teile der Bevölkerung ermöglichen bzw. verbessern. Vielmehr verband sich mit dem Konzept auch die Vorstellung, in den meist bewachten und von Stacheldraht umgebenen Einrichtungen eine (ideologische) ‹Umerziehung› betreiben zu können: Eine Versorgung mit Lebensmitteln auf hohem Niveau, eine gute Infrastruktur, Bildungseinrichtungen und Gesundheitsversorgung sollten im Sinne einer Zwangsmodernisierung einen zentralen Beitrag dazu leisten, die Umgesiedelten für das koloniale Regime oder die postkoloniale Regierung einzunehmen, die den Aufstand bekämpfte.

Das Ende des Vietnamkrieges führte zur Abwanderung Hunderttausender aus dem zerstörten Land: Als die Armee des kommunistischen Nordvietnam das US-gestützte Südvietnam im Frühjahr 1975 endgültig überrollte und im April die südvietnamesische Hauptstadt Saigon eroberte, evakuierten die abziehenden US-Truppen rund 130 000 Vietnamesen, die zumeist in die Vereinigten Staaten weiterreisen konnten. Die meisten von ihnen waren eng mit dem südvietnamesischen Regime bzw. den US-Einrichtungen verbunden gewesen. Die Durchsetzung der kommunistischen Herrschaft auch im Süden führte zu politischen Verfolgungen. Kollektivierung der Wirtschaft und ökonomische Krise aufgrund der Kriegsfolgen ließen die Abwanderung bald steigen, die ihren Höhepunkt in den Jahren 1979 bis 1982 erreichte. Aus der chinesischen Minderheit des Landes passierten rund 200 000 Personen die Grenze der Volksrepublik China. Im Sommer 1979 hatten bereits weitere 200 000 Vietnamesen die Anrainerstaaten des Südchinesischen Meeres mit Hilfe von Booten unter katastrophalen Bedingungen und hohen Todesraten erreicht. Die humanitäre Not auf den Booten und in den völlig überfüllten Lagern führte dazu, dass viele Staaten Aufnahme versprachen. Der größte Teil der ‹Boat People› gelangte in die USA und nach Kanada, aber auch Frankreich, Australien, die Bundesrepublik Deutschland und Großbritannien nahmen jeweils mehrere Zehntausend Vietnamesen auf.

Die migratorischen Folgen der beiden anderen großen ‹Stellvertreterkriege› im ‹Kalten Krieg›, der Koreakrieg und der Afghanistan-Krieg, dauern bis heute an. In den verfeindeten Staaten Süd- und Nordkorea leben heute Millionen Menschen, die während des Kriegs ihre Herkunftsorte verlassen mussten und seit mehr als einem halben Jahrhundert keinen Kontakt mehr zu Familienmitgliedern im jeweils anderen Teil der Halbinsel haben. In Afghanistan sollen während der Phase der sowjetischen Besatzung 5 bis 6 Millionen Afghanen zu einem großen Teil nach Pakistan und zu einem geringeren Teil in den Iran ausgewichen sein – das entspricht rund einem Drittel der damaligen Bevölkerung. Seit 2002 haben internationale Organisationen die Rückkehr von über 4 Millionen Flüchtlingen unterstützt. Neue Fluchtbewegungen im Zuge der internationalen Intervention in Afghanistan seit 2001 trugen dazu bei, dass gegenwärtig 3 Millionen Flüchtlinge gezählt werden, von denen fast zwei Drittel im benachbarten Pakistan leben und ein weiteres Drittel im ebenfalls benachbarten Iran. Die wesentlich höhere Zahl der Flüchtlinge, die innerhalb des Landes blieben, bleibt ungezählt.

6. Neue Weltordnung und globale Handlungsräume: Migrationsverhältnisse im späten 20. und frühen 21. Jahrhundert

Die immensen finanziellen Belastungen durch den sowjetisch-afghanischen Krieg bildeten einen Hintergrund für den Zusammenbruch der UdSSR, der in die Auflösung der Union und des Bündnissystems des 1955 abgeschlossenen Warschauer Vertrags mündete. Damit war der ‹Kalte Krieg› beendet. Nach vierzig Jahren öffnete sich 1989/90 der ‹Eiserne Vorhang›. Die auf ein Minimum beschränkte Ost-West-Wanderung gewann dadurch erneut erheblich an Bedeutung, zum Teil knüpften nunmehr die europäischen Migrationsverhältnisse wieder an die Situation vor dem Zweiten Weltkrieg an.

Bis dahin aber hatten sich im Westen neue Migrationsmuster etabliert, geprägt vor allem durch das lange und beschleunigte Wirtschaftswachstum der Nachkriegsjahrzehnte. Dieses beendete eine Phase der De-Globalisierung, die die drei Jahrzehnte zwischen 1914 und 1945 gekennzeichnet hatte. Während der Durchschnitt der Weltexporte im Zeitraum 1870 bis 1913 jährlich um 3,9 Prozent gestiegen war, hatte das Wachstum in den Jahrzehnten von 1913 bis 1950 nur bei einem Prozent gelegen. Demgegenüber erreichten die Raten 1950 bis 1973 mit 8,6 Prozent ein wesentlich höheres Niveau. In den wirtschaftlichen Zentren der Welt entstand, wie bereits in der Phase vor dem Ersten Weltkrieg, in einigen Segmenten des Arbeitsmarkts erneut ein hoher Bedarf an Arbeitskräften, der mit den jeweiligen nationalen Arbeitskräftepotentialen bald nicht mehr gedeckt werden konnte, sodass Anwerbungen im Ausland begannen. Einige Muster der Arbeitsmigration der vorangegangenen Jahrzehnte blieben bestehen, einige neue Elemente traten vor dem Hintergrund beschleunigten ökonomischen, sozialen und politischen Wandels hinzu: Die Bedeutung staatlicher Einflussnahme auf die Entwicklung der globalen Migrationssituation wuchs weiter. Das bereits in der Vorkriegszeit entwickelte System der zwischenstaatlichen Anwerbevereinbarungen wurde verfeinert, es ermöglichte sowohl Herkunfts- als auch Zielländern eine so weitreichende Kontrolle über Umfang und Zusammensetzung der Migration, wie es sie im ‹langen› 19. Jahrhundert nie gegeben hatte.

Anwerbeverträge

1942 begann mit einem Vertrag zwischen den Vereinigten Staaten und Mexiko die Geschichte der verstärkten Zuwanderung von Mexikanern in die USA im Rahmen des ‹Bracero-Programms›. Sie schloss an vermehrte Migrationen aus Mexiko in den Süden der USA an, die sich aus dem Bedarf an zusätzlichen Arbeitskräften im Zuge des Eintritts der USA in den Ersten Weltkrieg 1917 ergeben hatten. In den 1920er Jahren stellten die 450 000 mexikanischen Zuwanderer bereits über 11 Prozent aller Migranten, die in die USA einreisten. Hintergrund des ‹Bracero-Programms› im Zweiten Weltkrieg war der verstärkte Arbeitskräftebedarf aufgrund der Rüstungsanstrengungen der USA bei einem verminderten Angebot an einheimischen Arbeitskräften infolge der Rekrutierung von Millionen junger US-Bürger zum Militärdienst. Vornehmlich ging es bei diesem Anwerbeprogramm um die Versorgung der Landwirtschaft; bis 1947 kamen rund 250 000 mexikanische Männer in den Südwesten der USA. Nach einer kurzen Unterbrechung lief das Programm von 1951 bis 1964 weiter – fünf Millionen Mexikaner unterschrieben zwischen 1942 und 1964 einen Arbeitsvertrag –, immer noch stand die Rekrutierung von Arbeitskräften für die Landwirtschaft im Vordergrund, rund die Hälfte aller Mexikaner arbeitete in Kalifornien. Ein neuer Migrationskanal (‹gate of entry›) war damit geöffnet, die Zahl der Bewerbungen lag immer höher als die Zahl der Verträge, und illegale Grenzübertritte ließen den Umfang der Gruppe der Mexikaner im Süden und Südwesten der USA weiter steigen. Nach den Angaben der US-Statistik zählten 2005 rund 27 Millionen US-Bürger zu den

‹Mexican Americans›. Dabei ergaben sich klare Muster regionaler Konzentration: ‹Mexamerica› konstituierte sich vornehmlich in den Bundesstaaten Kalifornien, New York, Texas, Florida, New Jersey und Illinois mit Spitzenwerten in den Metropolitanregionen New York City, Los Angeles, Miami, Chicago und dem kalifornischen Orange County.

Der Bedeutungsgewinn der mexikanischen Zuwanderung war auch Ergebnis des Rückgangs der Überseemigration aus Europa: An die Stelle der überseeischen Einwanderung aus Europa, die das ‹lange› 19. Jahrhundert gekennzeichnet hatte, trat seit dem Zweiten Weltkrieg der Aufstieg der pazifischen und vor allem der hemisphärischen, also auf Herkunftsräume in den Amerikas beschränkten Migration, die sich insbesondere aus Mittelamerika und der Karibik speiste. Vor allem die Abschaffung des Quotensystems der 1920er Jahre durch die Liberalisierung der Einwanderungspolitik 1965 ließ die Migration in die USA erneut stark ansteigen: In den 1970er Jahren wurden rund 4,5 Millionen Zuwanderer registriert, in den 1980er Jahren waren es 7,3 Millionen, in den 1990er Jahren schließlich 9,1 Millionen. Das Ausmaß der Verschiebung der Herkunftsräume der Zuwanderung in die Vereinigten Staaten verdeutlicht ein Blick auf die kontinentale Zusammensetzung des Zustroms: In den 1980er und 1990er Jahren erreichten zwei Millionen Europäer die USA, ein Wert, der weit hinter dem Umfang der asiatischen Zuwanderung mit 5,7 Millionen sowie Mittelamerikas und der Karibik mit 6,8 Millionen zurückblieb. Hinzu kamen ca. eine Million Menschen aus Südamerika und rund 600 000 aus Afrika. Wichtigster Herkunftsstaat blieb Mexiko: Rund vier Millionen Mexikaner, beinahe ein Viertel der Gesamtzuwanderung in den betreffenden beiden Jahrzehnten, kamen zwischen 1980 und 2000 in die USA – als legale Zuwanderer neben Millionen illegaler Migranten.

Staaten wie Großbritannien oder Deutschland, die über lange Zeit hinweg wichtige Herkunftsländer der Überseemigration gewesen waren, wurden nach dem Zweiten Weltkrieg aufgrund hoher wirtschaftlicher Wachstumsraten zu Zielen der Massenzuwanderung. Die Migration anderer ehemals wichtiger Herkunftsländer wie Italien, Spanien, Portugal oder Griechenland richtete sich auf nord-, west- und mitteleuropäische Staaten aus. Und der gesamte ost-, ostmittel- und südosteuropäische Raum, der im späten 19. und frühen 20. Jahrhundert die Abwanderung aus Europa zu großen Teilen gespeist hatte, wurde mit dem ‹Kalten Krieg› und der hermetischen Teilung Europas von den Wanderungszielen in Übersee, aber auch in West-, Nord- und Mitteleuropa abgeschnitten.

In West-, Nord- und Mitteleuropa wuchs die Zahl der Zuwanderer seit den späten 1940er Jahren rasch an. In Großbritannien kam der größte Teil zunächst weiter aus Irland, 1946–1950 waren es 100 000–150 000 Frauen und Männer. Neben die vornehmlich in Deutschland angeworbenen ‹Displaced Persons›, die in erster Linie im Bergbau (Männer) und in der Textilindustrie bzw. in privaten Haushalten (Frauen) beschäftigt wurden, traten in den 1950er Jahren Italiener sowie bald Malteser, Zyprioten und Türken. In Frankreich wuchs die Zahl der Spanier und Italiener seit den späten 1940er Jahren weiter an. In der Bundesrepublik Deutschland stieg die Zahl ausländischer Staatsangehöriger von rund 690 000 im Jahr 1961 auf ca. 4,1 Millionen im Jahr 1974. 1980 waren ca. 33 Prozent aller nicht-deutschen Staatsangehörigen in Westdeutschland Türken, es folgten Jugoslawen und Italiener mit je 14 Prozent. Der Ausländeranteil an der Zahl der abhängig Beschäftigten lag 1980 bei fast 10 Prozent. Während Westdeutschland vornehmlich Arbeitskräfte aus Südeuropa und der Türkei erreichten, setzte sich die Zuwanderung in Frankreich und Großbritannien, aber auch in den Niederlanden und Belgien aufgrund von kolonialen oder postkolonialen Bindungen anders zusammen: Frankreich ließ mit dem ‹Algerienstatus› von 1947 die freie Bewegung zwischen Algerien und der Metropole zu. Großbritannien bot seit dem ‹British Nationality Act› von 1948 allen Bewohnern der Kolonien eine einheitliche Staatsangehörigkeit und freie Einreise auf die Britischen Inseln. Diese offenen Regelungen wurden erst seit den 1960er Jahren schrittweise zurückgenommen. Großbritannien beschnitt mit dem ‹Immigration Act› von 1962 die Zuwanderung aus dem Commonwealth.

Den Status französischer Staatsbürger verloren die Bewohner Algeriens im selben Jahr mit dem Vertrag von Évian, der den Algerienkrieg beendete. Nach Großbritannien dürfen seit 1971 nur noch diejenigen frei einreisen, die nachweisen können, dass ihre Eltern oder Großeltern in Großbritannien geboren worden sind. Zunächst war vor allem die Zuwanderung aus der Karibik gewachsen – bis 1960 stieg die Zahl der Westinder auf 200 000 an –, seit den späten 1950er Jahren dominierte dann die Zuwanderung vom indischen Subkontinent. 1971 hielten sich 480 000 Menschen in Großbritannien auf, die in Indien oder Pakistan geboren worden waren, bis 2001 stieg ihre Zahl weiter auf rund eine Million an. In Frankreich dominierten bis Mitte der 1970er Jahre zwar weiterhin Zuwanderungen aus Südeuropa. Seit den frühen 1960er Jahren aber stiegen die Anteile der Zuwanderer aus den ehemaligen nordafrikanischen Kolonien. 1968 bildeten Algerier nach Italienern und Spaniern die drittgrößte Zuwanderergruppe, seit den späten 1960er Jahren wuchs die Zuwanderung aus Marokko und Tunesien sowie aus den ehemaligen französischen Kolonien in Indochina, im subsaharischen Afrika und in der Karibik.

Die frühen 1970er Jahre brachten mit dem Auslaufen der Rekonstruktionsphase nach dem Zweiten Weltkrieg ein Ende der Hochkonjunktur. Der Niedergang alter Industrien (Eisen- und Stahlindustrie, Textilindustrie, Bergbau), aber auch Rationalisierung und Automatisierung der Produktion ließen die Nachfrage nach unqualifizierten Arbeitskräften rasch absinken. Dass damit der Zuwanderungsbedarf sank, kam in den Maßnahmen zur Beendigung der Anwerbung in den west- und mitteleuropäischen Industriestaaten 1973/74 zum Ausdruck. Damit aber ließ sich die Zuwanderung nicht aufhalten, denn die Anwerbungen der vorangegangenen zwei Jahrzehnte hatten viele neue Migrationskanäle geöffnet, und da bis in die Gegenwart die Möglichkeiten des Familiennachzugs nicht vollständig eingeschränkt worden sind, sorgten sie für einen steten Strom von Neuzuwanderern. Die politischen Vorstellungen über eine Rückwanderung der Angeworbenen blieben Illusion. Eine zunehmende Dauer des Aufenthalts führte zu einer sukzessiven Verfestigung des rechtlichen Status der Zuwanderer und mündete immer häufiger in die Annahme der Staatsangehörigkeit des Ziellandes.

In allen europäischen Zuwanderungsländern lässt sich im Vergleich zur Zeit vor dem Zweiten Weltkrieg nicht nur ein (starker) Anstieg der Zuwanderung ausmachen, sondern auch eine Diversifizierung hinsichtlich der Herkunftsräume. Ähnliches zeigt sich in anderen globalen Zielgebieten: In Australien waren 1947 insgesamt 98 Prozent der Menschen europäischer Herkunft, unter denen Briten und Iren mit 90 Prozent dominierten. Mit der verstärkten Zuwanderung aus Süd- und Osteuropa nach dem Zweiten Weltkrieg, dem Ende der ‹White Australia Policy› und der Öffnung gegenüber der Zuwanderung aus Asien in den 1960er Jahren wandelte sich die Bevölkerungszusammensetzung. 1988 war der Anteil der Menschen, die aus Großbritannien und Irland stammten, auf 75 Prozent abgesunken, asiatische Zuwanderer, deren Anteil 1947 noch deutlich unter einem Prozent gelegen hatte, erreichten nunmehr 4,6 Prozent. 1995/96 kamen 40 Prozent aller Neuzuwanderer aus Asien, nach der Jahrtausendwende bildeten China und Indien die wichtigsten Herkunftsländer von Neuankömmlingen in Australien.

‹Mega-Cities›

Andere Regionen, die lange zentrale Ziele globaler Migration gewesen waren, verloren nach 1945 an Gewicht. Das gilt vor allem für Lateinamerika, das bis in die Zwischenkriegszeit vornehmlich wegen der Expansion des exportorientierten Agrarsektors Ziel von Europäern und Asiaten gewesen war. Seit Mitte des 20. Jahrhunderts kennzeichnete demgegenüber eine starke Abwanderung vom Land in die Städte die lateinamerikanische Migrationssituation. Viele Megastädte der Gegenwart sind Ergebnis dieses Prozesses: Buenos Aires, Mexiko-Stadt, Rio de Janeiro und São Paulo zählen zu den 25 größten Städten der Welt. Die Kernstadt Mexiko-Stadt wuchs von 3 Millionen Einwohnern 1950 bis auf fast 9 Millionen 2005 an, mit den Vorortgürteln umfasste die Agglomeration zu Beginn des 21. Jahrhunderts rund 20 Millionen Einwohner. Grenzüberschreitende Zuwanderungen konzentrierten sich weiterhin auf Argentinien, seit den 1970er Jahren auch auf Venezuela wegen des hohen Wirtschaftswachstums aufgrund der steigenden Ölexporte. Abwanderungen aus Lateinamerika zielten in erster Linie auf die USA.

Auch die afrikanische Migration blieb, sieht man von Fluchtbewegungen im Kontext der Dekolonisation und privilegierten Migrationsbeziehungen zu ehemaligen Kolonialmächten ab, weithin auf Bewegungen innerhalb des Kontinents und auf Land-Stadt-Wanderungen beschränkt. Kairo, Lagos, Kinshasa und Khartum zählen zu den 30 größten Städten der Welt. Im Jahr 1960 waren 15 Prozent der afrikanischen Bevölkerung Stadtbewohner, 1975 dann 20 Prozent, 20 Jahre später 34 Prozent. In den 1960er Jahren hatte die Urbanisierungsrate in Nord- und Südafrika überdurchschnittlich hoch gelegen, zügig aber holten die anderen afrikanischen Regionen auf. Besonders hohe Wachstumsraten ließen sich dort ausmachen, wo die Landwirtschaft stagnierte, wie etwa in Gabun, Mauretanien oder Guinea.

Die Position als größte Stadt des Kontinents konnte Kairo halten und rückte in die Riege der größten Städte der Welt auf. 1950 zählte es 2,4 Millionen Einwohner, 2000 dann 15,5 Millionen. Andere Städte wuchsen noch explosionsartiger: Lagos hatte 1950 ca. 290 000 Einwohner und zählte im Jahr 2000 insgesamt 9,1 Millionen, Abidjans Bevölkerung lag 1950 bei 60 000, überschritt rund 30 Jahre später die Millionengrenze und erreichte im Jahr 2000 ca. 3,5 Millionen. Wie in Südamerika wuchsen die afrikanischen Millionenstädte ungeplant, die Infrastruktur (Straßen, Wasserver- und -entsorgung, Elektrizität, Müllentsorgung) entwickelte sich meist mit einer wesentlich geringeren Dynamik als der Umfang der städtischen Bevölkerung. Trotz aller sozialer Probleme, die das rasante Städtewachstum mit sich brachte, waren sie für viele Menschen attraktive Zuwanderungsziele, weil sie im Vergleich zu ländlichen Distrikten und kleineren Ansiedlungen günstige Beschäftigungschancen im formellen und informellen Sektor boten, die Gesundheitsversorgung ebenso besser war wie das Angebot an Gütern des täglichen Bedarfs oder die Bildungsmöglichkeiten.

Nach Angaben der Vereinten Nationen überstieg im Jahr 2008 weltweit die Zahl der Stadtbewohner erstmals die Zahl der Landbewohner. Gut begründete Prognosen gehen davon aus, dass 2050 mehr als zwei Drittel der dann wahrscheinlich 9 Milliarden Menschen umfassenden Erdbevölkerung in Städten leben werden. Weltweit gab es 2009 rund 1000 Städte mit mehr als einer halben Million Einwohnern, die fast die Hälfte der gesamten Stadtbevölkerung der Welt beherbergten. Darüber hinaus zählte die Statistik des genannten Jahres 21 ‹Mega-Cities› mit mehr als jeweils 10 Millionen Einwohnern. Auch ihre Zahl wird in Zukunft weiter wachsen: Aller Voraussicht nach werden in den nächsten anderthalb Jahrzehnten global weitere acht dieser gigantischen Agglomerationen hinzukommen.

Arbeitswanderungssysteme in den Golfstaaten

Während Westeuropa in den frühen 1970er Jahren die Zuwanderung beschränkte, öffneten gleichzeitig die Golfstaaten, die von den steigenden Öl- und Gaspreisen profitierten, ihre Tore. Von Beginn an wurde hier die Arbeitsmigration in ein striktes Rotationssystem eingebunden. Die mit Zeitverträgen ausgestatteten Zuwanderer arbeiteten meist im Baugewerbe, im Hotel- und Gaststättengewerbe oder im Bereich der haushaltsnahen Dienstleistungen. Strenge Vorschriften regelten die Arbeitsverhältnisse. Zuwanderer kamen vor allem vom indischen Subkontinent. Die Länder am Persischen Golf rekrutierten bis 1990 rund 2 Millionen Arbeitskräfte aus Indien, 1,5 Millionen aus Pakistan, 200 000 aus Bangladesh und 70 000 aus Sri Lanka. In den 1980er Jahren gewann die Anwerbung von Arbeitskräften in Südostasien an Bedeutung. Zunächst kamen sie vor allem aus Südkorea, später zunehmend von den Philippinen, die sich seit den späten 1970er Jahren zu einem der weltweit wichtigsten Exporteure von Arbeitskraft entwickelten. Neben die zahllosen Arbeitskräfte in den Niedriglohnbereichen traten vor allem seit den 1980er Jahren viele hochqualifizierte Zuwanderer aus Asien, Europa und Nordamerika, die für die Ölindustrie, das Gesundheits- und Bildungswesen ebenso von hoher Bedeutung waren wie für den Auf- und Ausbau der Tourismusindustrie und der Finanzdienstleistungen. Zu Beginn des 21. Jahrhunderts hatte die Bevölkerung der Vereinigten Arabischen Emirate einen Zuwandereranteil von 70 Prozent und jene Katars sogar von 86 Prozent. Das waren die weltweit höchsten Anteile von Zuwandererbevölkerungen.

Neben den Golfstaaten wurden seit den 1970er und 1980er Jahren auch Teile Südostasiens zu Magneten für Zuwanderer. Malaysia und Thailand beschäftigten zu Beginn des 21. Jahrhunderts jeweils über eine Million ausländische Arbeitskräfte. Auch Taiwan und Südkorea, die in der letzten Dekade des 20. Jahrhunderts einem raschen Industrialisierungsprozess unterlagen, wurden zu Zuwanderungsländern. Japan hingegen, der einzige asiatische Staat, dessen Industrialisierungsgeschichte schon im späten 19. Jahrhundert begann, blieb nach dem Zweiten Weltkrieg bis in die Gegenwart bei einer restriktiven Migrationspolitik, die auf eine Abschottung gegenüber dauerhafter Zuwanderung zielte und nur in wenigen Beschäftigungsbereichen (Unterhaltungsindustrie, Baugewerbe) befristete Arbeitsmigration in relativ geringem Umfang zuließ.

Interregionale Migration in China

In welchem Maß die forcierte Einbeziehung einer Volkswirtschaft in den Weltmarkt im Kontext einer raschen ökonomischen Globalisierung auf die intra- und interregionalen Migrationen rückwirken kann, zeigt das Beispiel der Volksrepublik China in den 1990er Jahren und zu Beginn des 21. Jahrhunderts. Seit der Gründung der Volksrepublik 1949 waren die binnenstaatlichen Migrationsbewegungen durch scharfe Restriktionen gekennzeichnet. Entsprechend dem sowjetischen Vorbild sollte die Kontrolle und Steuerung der intra- und interregionalen Wanderungen die nötigen Arbeitskräfte für das groß angelegte Industrialisierungsprogramm heranführen, zugleich aber auch verhindern, dass es zu einer übermäßig hohen Abwanderung vom Land in die städtischen Zentren kam. Zentrales Instrument wurde die staatliche Kontrolle des Wohnsitzes, die, wie in der UdSSR, seit 1958 einen Zuzug in ein urbanes Zentrum nur dann erlaubte, wenn eine behördliche Genehmigung vorlag. Bis in die Gegenwart ist eine legale Niederlassung in einer Stadt an die Aufenthaltsgenehmigung gebunden, Sozialleistungen erhalten nur jene, die einen legalen Aufenthaltsstatus einer städtischen Gemeinde haben.

Als 1976 mit Mao Zedong die Gründungsfigur der Volksrepublik starb, lebten 82 Prozent der Gesamtbevölkerung in ländlichen Distrikten. In den 1980er Jahren begann die ökonomische Umwälzung, die die schrittweise Einführung marktwirtschaftlicher Elemente mit einer Öffnung gegenüber dem Weltmarkt verband und in den 1990er Jahren immer stärker auf die Förderung des Exports als Wachstumsmotor setzte. Die rasche Industrialisierung des Landes führte zu einer rapiden Urbanisierung: 2009 hatte der Anteil der Stadtbewohner bereits über 46 Prozent erreicht, das entsprach 620 Millionen Menschen. Viele der neuen Stadtbewohner waren aber nur geduldet, weil sie zwar als Arbeitskräfte unabdingbar waren, nicht aber über die nötigen Zuzugsgenehmigungen verfügten. 46,5 Prozent aller Beschäftigten in den Städten waren 2007 Arbeitswanderer aus ländlichen Distrikten. Zumeist handelte es sich um Menschen im besten Erwerbsalter, nur ein kleiner Teil der Land-Stadt-Migranten hatte ein Alter von 40 Jahren überschritten. Im Jahr 2004 soll die Zahl der Land-Stadt-Wanderer, von denen sich ein Großteil vier bis sechs Jahre in den urbanen Zentren aufhielt, bei über 120 Millionen gelegen haben. Überwiegend arbeiteten sie im Baugewerbe, im produzierenden Gewerbe, im Handel und im Gaststättengewerbe – umgekehrt bedeutete die Konzentration auf solche Gewerbe eine Monopolisierung bestimmter Erwerbsbereiche durch Land-Stadt-Arbeitswanderer: Laut den Angaben der Volkszählung des Jahres 2000 sollen 80 Prozent aller Arbeitskräfte im Baugewerbe und 68 Prozent jener im produzierenden Gewerbe von den interregionalen Arbeitswanderern gestellt worden sein.

Für mehr als zwei Drittel der ländlichen Abwanderer waren die ostchinesischen Küstenregionen das Hauptziel, während Westchina (14 Prozent) und Zentralchina (16 Prozent) als Migrationsziele deutlich zurückblieben. Im Zentrum der Zuwanderung stand die bevölkerungsreichste und wirtschaftlich führende Provinz der Volksrepublik, das südostchinesische Guangdong, das im Jahr 2004 allein rund 28 Prozent aller Arbeitswanderer vom Land aufnahm. Über die Zusammensetzung der Land-Stadt-Zuwanderung gibt es widersprüchliche Angaben: Männer scheinen lange unter den interregionalen Migranten dominiert zu haben, seit Mitte des ersten Jahrzehnts des 21. Jahrhunderts habe der Anteil der Frauen aber deutlich zugenommen. Weil in aller Regel Erwerbstätige wanderten, blieben die Kinder häufig in den Herkunftsgebieten in der Obhut von Verwandten. Nach neueren Schätzungen liegt die Zahl der zurückbleibenden Kinder bei 58 Millionen – ein gewichtiges soziales Phänomen, das jüngst etwas an Bedeutung verloren hat, weil Arbeitswanderer zunehmend häufiger ihre Kinder mit in die Städte nehmen, wo sie bessere Bildungsmöglichkeiten vorfinden.

Land-Stadt-Arbeitswanderer sind auch weiterhin meist in informellen Segmenten des Arbeitsmarkts beschäftigt. Sie bleiben gekennzeichnet durch hohe gesundheitliche Belastungen, schwere körperliche Anstrengungen und schwierige Lohnbedingungen: Die interregionalen Migranten arbeiten in der Regel länger für deutlich weniger Geld als die Arbeitskräfte, die dauerhaft in den Städten leben. Die z. T. miserablen Lohn- und Arbeitsbedingungen werden von den lokalen Behörden häufig geduldet, um die Neuansiedlung von Firmen zu ermöglichen. Darüber hinaus akzeptieren auch die Arbeitswanderer, die zumeist über verwandtschaftlich-bekanntschaftliche Netzwerke vermittelt werden, die Bedingungen, weil die Löhne jene in den Herkunftsgebieten zumeist weit übersteigen und die Arbeitsbedingungen in der Landwirtschaft oder im ländlichen Kleingewerbe keineswegs besser sind.

Kontrolle und Steuerung von Migration

Anders als in der Hochphase weltweiter Fernwanderungen von Europäern im ‹langen› 19. Jahrhundert prägt gegenwärtig eine weitreichende staatliche Einflussnahme die globalen Migrationsverhältnisse: Die ökonomisch führenden Staaten der Welt haben migrationspolitische Muster durchgesetzt, die auf eine strikte Kontrolle von Zuwanderung zielen. Zentrale Elemente sind nicht nur restriktive Visa- und Einreisebestimmungen gegenüber potenziellen Zuwanderern, die nicht aufgrund von hoher Qualifikation oder Besitz als begehrte Träger von (‹Human›-) Kapital gelten, sondern auch Verträge mit Herkunftsländern, die vor allem darauf ausgerichtet sind, die Rückkehr jener Zuwanderer zu garantieren, die aus ökonomischen Gründen für zeitweilig erforderlich erachtet werden. Unter den Generalverdacht einer potenziellen Belastung für Sicherheit, Ökonomie, soziale Sicherungssysteme oder spezifische kulturelle Werte und politische Vorstellungen einer Gesellschaft fallen auch Flüchtlinge und Vertriebene, die in den vergangenen zwei, drei Jahrzehnten mit einer Schließung vieler Migrationskanäle konfrontiert waren, die die Asylsysteme geboten hatten. Die Geschichte der Migrationspolitik der EG/EU verweist auf diese restriktive Komponente, beschränkte sich die Kooperation der Mitgliedstaaten bislang doch ganz wesentlich auf die Entwicklung von restriktiven Regeln für eine gemeinsame Grenz- und Visapolitik sowie die Zusammenarbeit zur Begrenzung der Asylzuwanderung.

Ein solcher Befund widerspricht nicht der Beobachtung, dass Migration weiterhin für Individuen, Gruppen und Bevölkerungen ein Mittel der Reaktion auf wirtschaftliche, gesellschaftliche und politische Veränderungen und der Wahrnehmung von Chancen ist. Restriktive Migrationsregime können Wanderungen nicht verhindern, wie die massenhaften illegalen Grenzübertritte und illegalen Aufenthalte z. B. in den USA oder der EU beweisen. Ökonomisch prosperierende Regionen ziehen weiterhin Menschen an, und Zuwanderer tragen, wie eine Unzahl von Studien belegt, zu ihrer Prosperität bei. Auch die ökonomische

Bedeutung von Migration für die Herkunftsländer ist weiterhin hoch. 2006 lagen die Geldüberweisungen von Migranten an ihre Verwandten im Herkunftsland bei weltweit 230 Milliarden US-Dollar.

Umweltmigration

Ein zentraler Gegenstand der Diskussion um die Gegenwart und Zukunft des globalen Migrationsgeschehens bildet die Frage, ob und inwieweit umweltbedingte Bestimmungsfaktoren an Bedeutung gewinnen werden. Unbestreitbar ist, dass der Umfang ökologisch labiler Regionen aufgrund von Desertifikation – also der Ausbreitung von Wüsten –, Versalzung, Versteppung, Überschwemmung und Verschmutzung Jahr um Jahr wächst. Trotz der Aktualität des Problems und der vielfältigen Debatten über die Reichweite des globalen Klimawandels sind unsere Kenntnisse über die Bedeutung umweltbedingter Bestimmungsfaktoren im Migrationsgeschehen und, umgekehrt, über den Stellenwert des Faktors Migration bei globalen Umweltveränderungen weiterhin relativ gering. Das beweisen beispielsweise allein die ausgesprochen unterschiedlichen Einschätzungen über den Umfang der umweltbedingten globalen Migration. Anfang des 21. Jahrhunderts ging der Hochkommissar der Vereinten Nationen für Flüchtlinge (UNHCR) von 24 Millionen Menschen aus, die aufgrund der wachsenden Belastung der Umwelt mobilisiert wurden. Das Internationale Komitee vom Roten Kreuz meinte dagegen, von 500 Millionen Betroffenen ausgehen zu müssen. Jüngste Schätzungen des Wissenschaftlichen Beirats der Bundesregierung ‹Globale Umweltveränderungen› sprechen von gegenwärtig 25 bis 60 Millionen Menschen, die ihre Herkunftsgebiete bislang wegen des Klimawandels verlassen mussten; das UN-Klimabüro (UNFCCC) geht davon aus, dass diese Zahl bis ins Jahr 2050 auf 150 Millionen steigen wird.

Die große Spannweite der verschiedenen Schätzungen ist auch auf den geringen Grad definitorischer Klarheit zurückzuführen. Die Verwendung des Begriffs ‹Umweltflüchtlinge› oder ‹Klimaflüchtlinge› für die unterschiedlichsten Formen umweltbedingter Migrationen verdeckt eher die Komplexität der zugrunde liegenden Determinanten und Motivationen, weil sie auf eine Gewichtung umweltbedingter und anderer Bestimmungsfaktoren verzichtet. Denn die Überlastung der Umwelt ihrer Herkunftsgebiete ist selten der einzige Hintergrund für die Abwanderung von Menschen; vielmehr wirkt sie in aller Regel mit ökonomischen und sozialen, aber auch kulturellen und politischen Faktoren zusammen.

Unmittelbar wirken Klimaveränderungen dort, wo Gebiete wegen des Meeresspiegelanstiegs durch Überschwemmungen oder durch Versalzung bedroht sind: Die ‹Sinking Islands› im Südpazifik (u. a. die Malediven, die Marshallinseln, Palau und die Salomon-Inseln) zählen ebenso dazu wie beispielsweise tiefliegende Regionen am Golf von Bengalen, die ohnehin schon in der Vergangenheit Jahr um Jahr von großflächigen Überschwemmungen betroffen waren. Das gilt z. B. für die Küstenzone Bangladeshs. Dass der Anstieg des Meeresspiegels massive migratorische Folgen haben wird, denen sich die Küstenbewohner kaum entziehen können, liegt vor allem daran, dass sich ein Großteil der Weltbevölkerung über die Ränder der Kontinente verteilt: In Zonen, die keine 100 Kilometer vom Meer entfernt liegen, leben gegenwärtig rund zwei Drittel aller Menschen. Dazu zählen auch viele städtische Agglomerationen: Von den 50 größten Städten der Welt liegen 30 am Meer.

Umweltbedingte Krisen verschlechtern zumeist ohnehin prekäre ökonomische Grundlagen, sodass nur die temporäre oder dauerhafte Abwanderung eine Verbesserung der Lebenssituation zu bieten scheint. Umweltbedingte Krisen treten zugleich häufig als kulturelle Krisen auf, werden nicht selten politisch instrumentalisiert oder führen zu politischen Konflikten, die wiederum Migration forcieren. In Regionen, in denen geringe politische Stabilität und schwach ausgeprägte staatliche Problemlösungskapazitäten, krisenanfällige Ökonomien und gesellschaftlicher Unfrieden herrschen, werden umweltbedingte Krisen die ‹Vulnerabilität›, also die Verletzlichkeit der Region noch steigern. Hier können sie sogar als Katalysator wirken und den Zusammenbruch einer ohnehin labilen politischen, gesellschaftlichen und wirtschaftlichen Ordnung anstoßen. Demgegenüber kann davon ausgegangen werden, dass stabile politische, gesellschaftliche und ökonomische Systeme Reaktionsmuster entwickeln, die eine mehr oder minder konfliktfreie Bewältigung der Folgen umweltbedingter Krisen erwarten lassen.

Der Blick auf die umweltbedingten Determinanten des Migrationsgeschehens wirft zugleich die Frage nach potenziellen Zuwanderungszielen auf und damit auch nach den Räumen, die Profiteure des Klimawandels sein könnten. Der Anstieg des Gewichts des Bestimmungsfaktors Umwelt im globalen Migrationsgeschehen muss nicht zu trans- oder interkontinentalen Massenmigrationen führen. Die lange Geschichte des Ausweichens vor Hungerkatastrophen und der migratorischen Reaktionen auf ‹Failed States› macht deutlich, dass wegen der geringen Ressourcen vieler Betroffener die Reaktionen auf Klimawandel und Umweltveränderungen vor allem das lokale und regionale Wanderungsgeschehen in den Risikozonen der Welt beeinflussen werden. Das heißt: Der reiche ‹Norden› der Welt als Hauptverursacher des Klimawandels wird aller Voraussicht nach nicht oder nur in geringem Maße migratorisch von umweltbedingten Veränderungen des Wanderungsgeschehens im globalen ‹Süden› betroffen sein.

Literaturauswahl

Globale Migration und übergreifende Fragen

Bade, Klaus J.: Europa in Bewegung. Migration vom späten 18. Jahrhundert bis zur Gegenwart, München 2000.
Bade, Klaus J./Emmer, Pieter C./Lucassen, Leo/Oltmer, Jochen (Hg.): Enzyklopädie Migration in Europa vom 17. Jahrhundert bis zur Gegenwart, 3. Aufl. Paderborn 2010.
Baily, Samuel L./Miguez, Eduardo José (Hg.): Mass Migration to Modern Latin America, Wilmington 2003.
Clark, Peter: European Cities and Towns 400–2000, Oxford 2009.
Cohen, Robin (Hg.): The Cambridge Survey of World Migration, Cambridge 1995.
Ehret, Christopher: The Civilisations of Africa. A History to 1800, Oxford 2002.
Fischer, Thomas/Gossel, Daniel (Hg.): Migration in internationaler Perspektive, München 2009.
Frevert, Ute/Oltmer, Jochen (Hg.): Europäische Migrationsregime, Themenheft der Zeitschrift Geschichte und Gesellschaft 25 (2009), H. 1.
Gertel, Jörg/Calkins, Sandra (Hg.): Nomaden in unserer Welt. Die Vorreiter der Globalisierung: Von Mobilität und Handel, Herrschaft und Widerstand, Bielefeld 2012.
Gungwu, Wang (Hg.): Global History and Migrations, Boulder 1997.
Hoerder, Dirk: Cultures in Contact. World Migrations in the Second Millennium, Durham 2002.
Jupp, James (Hg.): The Australian People. An Encyclopedia of the Nation, its People and their Origins, Cambridge 2001.
Kraler, Albert/Husa, Karl/Bilger, Veronika/Stacher, Irene (Hg.): Migrationen. Globale Entwicklungen seit 1850, Wien 2007.
Lucassen, Jan/Lucassen, Leo (Hg.): Migration, Migration History, History. Old Paradigms and New Perspectives, 3. Aufl. Bern 2005.
Lucassen, Jan/Lucassen, Leo/Manning, Patrick (Hg.): Migration History in World History. Multidisciplinary Approaches, Leiden 2010.
Lucassen, Leo: The Immigrant Threat. The Integration of Old and New Migrants in Western Europe since 1850, Urbana 2005.
Manning, Patrick: Migration in World History, New York 2005.
McKeown, Adam: Melancholy Order. Asian Migration and the Globalization of Borders, New York 2008.
Moch, Leslie Page: Moving Europeans. Migration in Western Europe since 1650, 2. Aufl. Bloomington 2003.
Oltmer, Jochen: Migration im 19. und 20. Jahrhundert, München 2010.
Osterhammel, Jürgen: Die Verwandlung der Welt. Eine Geschichte des 19. Jahrhunderts, München 2009.
Scholz, Fred: Nomadismus. Theorie und Wandel einer sozio-ökologischen Kulturweise, Stuttgart 1995.

Inter- und transkontinentale Massenmigration im ‹langen› 19. Jahrhundert

Baines, Dudley: Emigration from Europe 1815–1930, Cambridge 1995.
Dahlmann, Dittmar: Sibirien. Vom 16. Jahrhundert bis zur Gegenwart, Paderborn 2009.
Daniels, Roger: Asian America. Chinese and Japanese in the United States since 1850, Seattle 1988.
Fahrmeir, Andreas/Faron, Olivier/Weil, Patrick (Hg.): Migration Control in the North Atlantic World. The Evolution of State Practices in Europe and the United States from the French Revolution to the Inter-War Period, New York 2003.
Gabaccia, Donna R./Hoerder, Dirk (Hg.): Connecting Seas and Connected Ocean Rims. Indian, Atlantic, and Pacific Oceans and China Seas Migrations from the 1830s to the 1930s, Leiden 2011.
Gerber, David A.: American Immigration, Oxford 2011.
Nugent, Walter: Crossings. The Great Transatlantic Migrations, 1870–1914, Bloomington 1992.
Reardon-Anderson, James: Reluctant Pioneers. China's Expansion Northward, 1644–1937, Stanford 2005.
Reimers, David M.: Other Immigrants. The Global Origins of the American People, New York 2005.
Treadgold, Donald W.: The Great Siberian Migration. Government and Peasant in Resettlement from Emancipation to the First World War, Princeton 1957.
Wyman, Mark: Round-trip to America. The Immigrants Return to Europe, 1880–1930, Ithaca 1993.

Migration und Kolonialismus, postkoloniale Migrationen

Canny, Nicholas (Hg.): Europeans on the Move. Studies on European Migration, 1500–1800, Oxford 1994.
Emmer, Pieter C. (Hg.): Colonialism and Migration. Indentured Labour before and after Slavery, Dordrecht 1986.
Harper, Marjory/Constantine, Stephen: Migration and Empire, Oxford 2010.
Hughes, Robert: The Fatal Shore. A History of the Transportation of Convicts to Australia 1787–1868, London 2003.
Meissner, Jochen/Mücke, Ulrich/Weber, Klaus: Schwarzes Amerika. Eine Geschichte der Sklaverei, München 2008.
Morris-Suzuki, Tessa: Borderline Japan. Foreigners and Frontier Controls in the Postwar Era, Cambridge 2010.
Reinhard, Wolfgang: Geschichte der europäischen Expansion, 4 Bde., Stuttgart 1983–1990.
Smith, Andrea L. (Hg.): Europe's Invisible Migrants. Consequences of the Colonists' Return, Amsterdam 2002.
Sturm-Martin, Imke: Zuwanderungspolitik in Großbritannien und Frankreich. Ein historischer Vergleich 1945–1962, Frankfurt a. M. 2001.
Tinker, Hugh: A New System of Slavery. The Export of Indian Labour Overseas 1830–1920, 2. Aufl. London 1993.

Migration und Krieg

Gatrell, Peter: A Whole Empire Walking. Refugees in Russia during World War I, Bloomington 1999.
Gatrell, Peter: Free World? The Campaign to Save the World's Refugees, 1956–1963, Cambridge 2011.
Herbert, Ulrich: Fremdarbeiter. Politik und Praxis des ‹Ausländer-Einsatzes› in der Kriegswirtschaft des Dritten Reiches, Berlin 1985.
Oltmer, Jochen (Hg.): Kriegsgefangene im Europa des Ersten Weltkriegs, Paderborn 2006.
Spoerer, Mark: Zwangsarbeit unter dem Hakenkreuz. Ausländische Zivilarbeiter, Kriegsgefangene und Häftlinge im Deutschen Reich und im besetzten Europa 1939–1945, Stuttgart/München 2001.
Stibbe, Matthew (Hg): Captivity, Forced Labour and Forced Migration during the First World War, Themenheft der Zeitschrift Immigrants & Minorities 26 (2008), H. 1/2.

Beschleunigte Globalisierung und Migration im späten 20. und frühen 21. Jahrhundert

Betts, Alexander: Global Migration Governance, Oxford 2011.
Castles, Stephen/Miller, Mark J.: The Age of Migration. International Population Movements in the Modern World, 4. Aufl. Basingstoke 2010.
Geddes, Andrew: International Migration, 4 Bde., Los Angeles 2011.
Koser, Khalid: International Migration, Oxford 2007.
Oltmer, Jochen/Kreienbrink, Axel/Sanz Díaz, Carlos (Hg.): Das ‹Gastarbeiter›-System. Arbeitsmigration und ihre Folgen in der Bundesrepublik Deutschland und Westeuropa, München 2012.
Pries, Ludger: Die Transnationalisierung der sozialen Welt. Sozialräume jenseits von Nationalgesellschaften, Frankfurt a. M. 2008.
Wissenschaftlicher Beirat der Bundesregierung Globale Umweltveränderungen, Welt im Wandel – Sicherheitsrisiko Klimawandel, Berlin 2008.
Aktuelle Berichterstattung über Aspekte globaler Migration: www.focus-migration.de

Bemerkungen zu den Karten

Für die Herstellung bzw. Bearbeitung der drei Karten gilt mein Dank Herrn Christoph Reichel vom Institut für Geographie der Universität Osnabrück. Vorlagen für die Karten 1 und 3 bot: Aaron Segal, An Atlas of International Migration, London 1993, S. 17, 23; für die Karte 2: Dirk Hoerder, Cultures in Contact. World Migrations in the Second Millennium, Durham/London 2002, S. 368.

Register: Länder, Regionen und Orte